JN040122

ずっと、ずっと帰りを待っていました

「沖縄戦」指揮官と遺族の往復書簡

浜田哲二
浜田律子

新潮社

プロローグ――伊東大隊長への手紙

二〇一六年一〇月、私たち夫婦は一抱えほどの紙箱に詰め込まれた古い手紙の束を預かった。終戦直後の消印が押され、数えると三五六通ある。

時の経過にさらされた封筒やはがきは少なからず黄ばみ、一部は黒ずんでいるものの、破れたりしわが寄ったりしないよう仕分けられ、大切に保管されていたことがわかる。

差出人はさまざまだが、表書きにはすべて同じ宛名が記されていた。

伊東孝一。

これらの手紙を私たちに預けた人物であり、太平洋戦争の末期、連戦連敗だった日本軍にあって米軍を苦しめた数少ない部隊の指揮官だ。

一九二〇（大正九）年九月に宮城県で生まれた伊東は、幼少時より軍人を志し、四〇（昭和一五）年九月に陸軍士官学校を卒業後、第二四師団歩兵第三二連隊へ配属された。四四年にソ連との国境を警備する満洲から沖縄へ転戦し、二四歳の若さながら第一大隊長として一〇〇〇人近い部下を率い、砲弾や銃弾などの〝鉄の雨〟が降り注いだと形容される激戦地を戦い抜いて、生還している。

伊東の名を知らしめたのは、四五年五月初旬、反転攻勢を仕掛けた日本軍が米軍から唯一陣地を奪還した戦いぶりである。だが、沖縄戦は太平洋戦争で最も激しい戦闘が繰り広げられた地のひとつとされ、伊東も最終的には部下の九割を失う。生き残ってしまったことへの後悔と贖罪の意識、そして戦死した部下たちへの想いは、戦後の伊東を苛《さいな》んだ。私たちが預かったのは、失った部下の遺族たちから届いた伊東への手紙なのだ。

伊東との出会いは偶然の産物だった。

私たちはフリーのジャーナリスト夫婦で、夫・哲二が元朝日新聞のカメラマン、妻・律子は元読売新聞の記者だ。沖縄には二〇世紀末から通い始め、本島の中南部で戦没者の遺骨や遺留品を収集し、身元を特定して遺族に返還する活動を続けている。勤めていた新聞社での取材がきっかけだったが、二〇一〇（平成二二）年に哲二が会社を早期退職した後は、毎年約二カ月間は現地に滞在し、ボランティアで取り組むようになった。

遺骨収集の現場は、七〇年以上前の戦場だ。沖縄戦では日米合わせて二〇万人以上が戦没し、その遺骨がまだ放置されたままの場所が残っている。

「森の中からたくさんの目がこちらを睨んでいるのよ。怖いからね、私たちは近づかない」と地元の人たちが恐れ避けるジャングルや、いまにも崩れ落ちてきそうな洞窟の中へも、細心の注意を払って歩みを進める。

一五年二月、沖縄本島南部の糸満《いとまん》市喜屋武《きゃん》と福地《ふくじ》に連なる丘陵地の探索を始めた。ここは、沖縄戦の末期、戦火に追われた民間人や敗残兵が逃げ惑ったとされている。原形をとどめぬほど崩れた喜屋武の岩山は、米軍が海から一六インチ（約四〇センチメートル）砲などの艦砲を撃ち込み、空からは二五〇キロ爆弾などを投下したとされる激戦地。どうすればここまで破壊し尽くせるのか、息をのむような地形が続いている。

壁面から剝がれ落ち、折り重なった巨岩の下を抜けると、表面が穴だらけの琉球石灰岩（サンゴや貝殻などが固まった堆積岩）の塊が積み上がった小山がある。米軍の戦闘機が通り過ぎる爆音の下、中腹にある人ひとりがようやく潜り込めるほどの横穴の最深部で、縦長の楕円形で直径が四～五センチメートル、厚さ一ミリメートルほどの金属片を見つけた。上下に小さな穴が開いている。経験から、旧日本兵の認識票ではないかという直感が働く。

そうだとすれば、数年に一枚見つかるかどうかの貴重な遺留品だ。しかし、うっすらと文字らしきものが刻まれているようにも見えるものの、錆びて緑青が浮いた表面には小さな石灰岩の粒が無数に付着し、判読には至らない。それでも三日ほどかけて穴の中を掘り進み、さらに一〇枚以上の金属片を発見した。すべてが同じ形状だった。

持ち帰った遺留品は、弱酸性の薬品などで洗って乾燥させる。仕分け用の袋に発見時の場所と年月日を記録した後、一枚ずつ並べてみた。今回見つけた認識票は一八枚。八枚は鉄製で手の施しようがないほどまでに錆びついているが、残りの一〇枚は真鍮製で表面に付着した黒や緑青の錆を磨くと、刻み込まれた縦書きの文字が浮かび上がる。

三列の表記になっており、右から「山三四七五」、中央に「三二」や「六八」、左端に「一一八」といった具合に読み取れる。判読できるすべてのプレートに共通しているのは「山三四七五」の数字だ。過去に何度か掘り出した経験から、これは沖縄守備隊の第二四師団歩兵第三二連隊を示す暗号で、中央の数字は中隊名、左端は個人を識別する番号だとわかる。

この番号から持ち主を辿ることができないか、これまでも何度か試みた。が、持ち主の氏名が刻まれていない限り、個人の識別は限りなく難しい。認識票の番号と個人の情報が記載されていた〝留守名簿〟などの書類がほとんど現存していないからだ。

ただし今回は、表面の文字をすべて読み取れるものが一〇枚も揃っている。二〇年以上活動を続けるなかで、これだけの数が一度に出土した記憶はない。わずかな期待を抱いて残存する資料を引き継いでいる厚生労働省へ問い合わせてみたが、中身のない回答が返ってくるのみ。知り合いの生き残り兵士や遺族会に手を広げてみても、手掛かりはまったく摑めなかった。

思い余って、沖縄戦の別件の取材で親しくなったNHKの中村雄一郎記者に相談してみたところ、「第三二連隊といえば、第一大隊を率いていた伊東孝一元大尉が、今もお元気で連絡先もわかる」と教えてくれた。一縷の望みにかけて、伊東の自宅を訪ねることにする。

伊東孝一大隊長との出会い

神奈川県内の閑静な住宅地で五歳年下の妻と二人で暮らす伊東は、二〇一六年三月末に面会した時は九五歳。部隊を率いていた二四歳の頃から七〇年以上経っているが、歩く時も背筋はピンと伸びたままで、一七〇センチを超える立派な体軀が若々しい。眼光の鋭さ、安易な発言は許されない雰囲気もあいまって、なお現役のたたずまいである。

この時から私たちは、敬意と親しみを込めて「伊東大隊長」と呼びかけるようになった。

同行した一〇人を超える学生や新聞記者たちと、同じ現場から掘り出した他の遺留品も見せながら質問を重ねたが、首を横に振るばかり。認識票については、残念ながら持ち主の身元判明に繫がる有益な情報は得られそうになかった。

だが、私たちにはもう一件、聞きたいことがある。終戦から半世紀が過ぎた〇一年に、伊東大隊長が出版した私家版の戦記『沖縄陸戦の命運』に書かれている一行が気になっていたのだ。〈昭和二二年頃、戦死した部下の六〇〇〇人の遺族へ手紙を出した〉との記述である。その手紙はどんな趣旨で、内容、送った相手、返信の有無はどうだったのか。

というのも、遺骨収集活動を通して複数の遺族と面会した折、戦没した身内がどのようにして亡くなったのか、飢えていたのではないか、卑怯な振る舞いをしてはいないか……と、さまざまな質問を受けたからだ。戦後六〇年、七〇年が過ぎても、そうなのである。ましてや終戦の翌年、身内が所属した部隊の指揮官から届いた手紙への返信はいかほどのものだったのか、どうしても知りたかった。

認識票についての話が一段落したとき、席を立って廊下に出た大隊長を哲二がさりげなく追い掛ける。同席者には知られたくない内容なので、人目を避けた場所で問いかけたかったからだ。

「ところで、遺族に手紙を書かれたそうですが、返信が来たのでは」

すると、大隊長は目を見開き、驚愕の表情を浮かべた。

「どうしてわかった！」

こちらを射貫くような目つきのまま、くぐもった声へと変わる。

「そのとおりだ。届いている……」

そして少し間を置いたあと、彼方を見るようにしながら、つぶやいた。

「これは私の心の傷、死ぬまで背負い続ける重責なのだ。ゆえに、元軍人だった父、妻や子にも話していない。ましてや生き残った部下たちにも伝えることができなかった……。だからこそ、手紙は誰にも見せるつもりはない。私が最期を迎えたとき、棺に入れて焼いてくれるように遺言を残してある。ただ、遺言状は開封されていないゆえ、誰も知らなかったはずだ。よく気づいたな」

鋭い目つきは消えていたが、それ以上は踏み込ませない述懐だった。

大隊長の言葉や態度を見る限り、難しいとはわかりつつも、私たちは内容を知りたいという気持ちを抑えきれなかった。今まで、書籍や資料館などで兵士が出征先から送った手紙や死地に赴く特攻隊員の遺書は読んだが、身内の死を受けた遺族の手紙は目にしたことがない。青森の自宅に戻ってから礼状をしたため、その最後に、ジャーナリストとして沖縄戦の記録と記憶を残すために、遺族からの手紙を読ませてほしいと書き添えて投函した。

時を置かずして返信がきた。マス目のついた原稿用紙に、毛筆で、一語ずつ丹念に書かれている。そこには生き残ってしまったことへの後悔と贖罪の意識、戦死した部下たちへの想いが切々と語られていた。

そして最後に、〈必ず答えを出す。自身の心が定まるまで猶予を頂きたい。私の心に残った戦争の傷が疼いている〉と結ばれている。

そのまま四カ月が過ぎた一六年八月、終戦記念日の少し前に分厚い封書が届いた。開封すると、前回と同じく、原稿用紙に毛筆の手書きの字がびっしりと書き込まれている。枚数は一一枚。

まず記されていたのは、手紙を公開する大義だった。

〈戦争がゲームのように捉えられている昨今、人の殺し合いがどれだけ悲惨で残酷なものか、この遺族からの手紙が物語っている。これを世に出して、沖縄戦の真実をより多くの人に伝えてほしい〉

〈この手紙には、当時の国や軍、そして私の事が、様々な視点で綴られている。礼賛するものもあれば強く批判したものも。そうした内容の良いも悪いもすべてを伝えてほしい。手紙にしたためられた戦争犠牲者の真実を炙りだして戴きたい。どちらか一方に偏るならば、誰にも託さない〉

大隊長の想いが強く伝わってくる。

〈私もそろそろを考える齢。今まで数多くの記者や自衛官らに出版した戦記本を配り、取材を受けたが、遺族からの返信の存在に気付いた者は誰一人としていなかった。まさに、「眼光紙背に徹す」君たちを信じたい〉

「遺族からの手紙」の返還を開始

かくして終戦から七一年が過ぎた秋、私たち夫婦に三五六通の手紙が託された。

伊東大隊長が見せてくれた、若き日の自らの姿をとらえた写真

これを機に、遺骨収集で出会った首都圏などの一〇名近い大学生たちが、一緒に活動したいと申し出てくれる。そこで、次世代の若者たちにも沖縄戦を学んでもらうために、「みらいを紡ぐボランティア」というNPO団体を設立し、手紙の内容の精査を開始した。

ただ、約七〇年前の書簡なので、解読は困難を極めた。その多くに古い字体や言葉が使われ、候文も散見される。さらに、書家が揮毫《きごう》したかのような難解な筆跡もある。高齢の家族や古文書が読める友人に助けを求めながら、すべてに目を通して内容を要約し一覧表を作るまで、ほぼ三カ月を要した。

分析すると、差出人の約八割が北海道の遺族であることが見えてきた。

歩兵第三二連隊は明治期に東北地方で編成された部隊で、山形県へ転営してからは山形城の別名にちなみ「霞城連隊」と呼ばれていた。太平洋戦争が始まる前の一九三九年、第八師団から第二四師団へ所属を変更し、兵士の徴募先を山形県から北海道へ移している。ゆえに戦没者の大多数は、夕張や空知地方など、戦前から炭鉱で栄えた地域から出征した兵士が占めていたのだ。

手紙の差出人は、夫の帰りを待ち続ける妻、息子の死を誉《ほま》れと喜んでみせる父母、優しい兄や弟の面影を懐かしむきょうだいたちだった。その内容は、大切な家族を亡くした苦しみ、哀しみに咽《むせ》ぶものから、軍国主義を色濃く残したままの御礼文までさまざまだが、終戦当時の遺族の想いや厳しい暮らしぶりがまざまざと感じ取れる。読みながら、涙を堪え切れなくなったり、あまりのつらさに目を覆いたくなったりすることも、しばしばだった。

これを世に出すには、手紙の差出人の遺族の了承を得る必要がある。ところが、手紙はおもに四六年にやりとりされており、遺族の死去や転居、地名変更や自治体の消滅など、時間の経過が思いのほか高い壁として、私たちの前に立ちはだかった。行政に問い合わせても、個人情報の保護を理由にほとんど教えてもらえず、途方に暮れる。

地道に向き合うこと以外に手はないので、日本地名総覧を繙《ひもと》いて新旧の住所を重ね合わせ、古い電話帳を手に入れて差出人と似たような名前の人たちへ、片っぱしから電話をかけていく。が、昨今、巷を騒がせている「振り込め詐欺」の影響で、まともに取り合ってもらえない。「沖縄戦での戦没者の……」と話し始めた途端に電話を叩き切られたり、話を聞いてもらえても最後には怒鳴られたりすることもあり、心が折れそうになった。

しかし、戦争で家族を失った電話口の方が耳を傾けてくれる例もあり、諦めず繰り返しているうちに、戦没者のきょうだいや甥姪、実子と連絡がつき始めた。本書で紹介する手紙は、こうして探し当てた遺族の方々の厚意に支えられている。

米軍の戦史にも、「ありったけの地獄を集めた」と刻まれる沖縄戦から生還した伊東大隊長は、終戦後、およそ六〇〇の遺族に詫び状を送る。そこには沖縄から持ち帰ったサンゴの塊（琉球石灰岩）を打ち砕いて分けた包みと、各々の「戦死現認証明書」が同封されていた。

皇国敗れたりといえども、同君の英霊は、必ずや更に偉大なる大日本帝国発足の礎となるものと信じて居ります。

さて小官は、八月二十九日まで、部下九十を率いて居りましたが、終戦の大命を拝し、戦闘を中止仕りました。

多くの部下を失って、なお小官の生存していることは、何のお詫びの申し上げ様もありません。

只々小官、未だ若輩にして、国家再建のため、少々志すところが有りますので、あえて生をむさぼる次第にございます。願わくは、小官の生命を小官におまかせ下され度《た》く存じます。恥ずかしき次第ですが、遺品とてございません故、沖縄の土砂《つちすな》、僅少、同封仕りましたので、御受納下さらば幸甚の至りと存じます。

恩典に関しては、万全の努力を仕る覚悟でございますが、不備な点なしとせざるを以て、御連絡事項が有りましたら、是非御通知相成り度く思います。

猶甚《なおはなは》だ勝手ながら、小官に同君の写真一葉を賜らば、無上の光栄と存じます。

又、小官の大隊に属し、小官の連絡漏れの方ありし節は、御面倒ながら、小官の住所をお知らせ相成り度《たく》、この段、お願い申し上げます。

最後に、重ねて御家族様の御心中、御同情申し上げますと共に、英霊の御冥福をお祈り申し上げます。

流涕万斛《りゅうていばんこく》でございますが、筆は文を尽さず、文は心を尽くさず。

頓首再拝

昭和二十一年六月一日

伊東孝一

御家族御一同様

こうした手紙へ、三五六通もの返信が届いたのだ。

本書では、伊東大隊の戦いの軌跡を辿りながら、亡くなった部下の人となりと、その遺族から届いた手紙を紹介していく。沖縄戦の描写は伊東大隊長による視点で展開し、その内容は本人および復員した部下、戦没した部下の遺族の証言、その他の資料などをもとに構成する。兵士の戦死日時は大隊長が残した記録を根拠にした。

二四歳だった青年将校が、沖縄の山野に今も眠り続ける部下たちと経験した戦いと、遺族たちの想いを、あの戦争から遠く離れた現代を生きる人たちに知ってもらいたい。

ずっと、ずっと帰りを待っていました　「沖縄戦」指揮官と遺族の往復書簡　目次

第三章　噛み合わない作戦指令
――首里近郊一四六高地の戦闘（一九四五年五月初旬）

第六章　最後の防衛線
――糸満・国吉台の戦闘（一九四五年六月中旬）

第七章　武装解除までの消耗戦
――糸満・照屋の戦闘（一九四五年六月～八月末）

エピローグ——奇跡の帰還

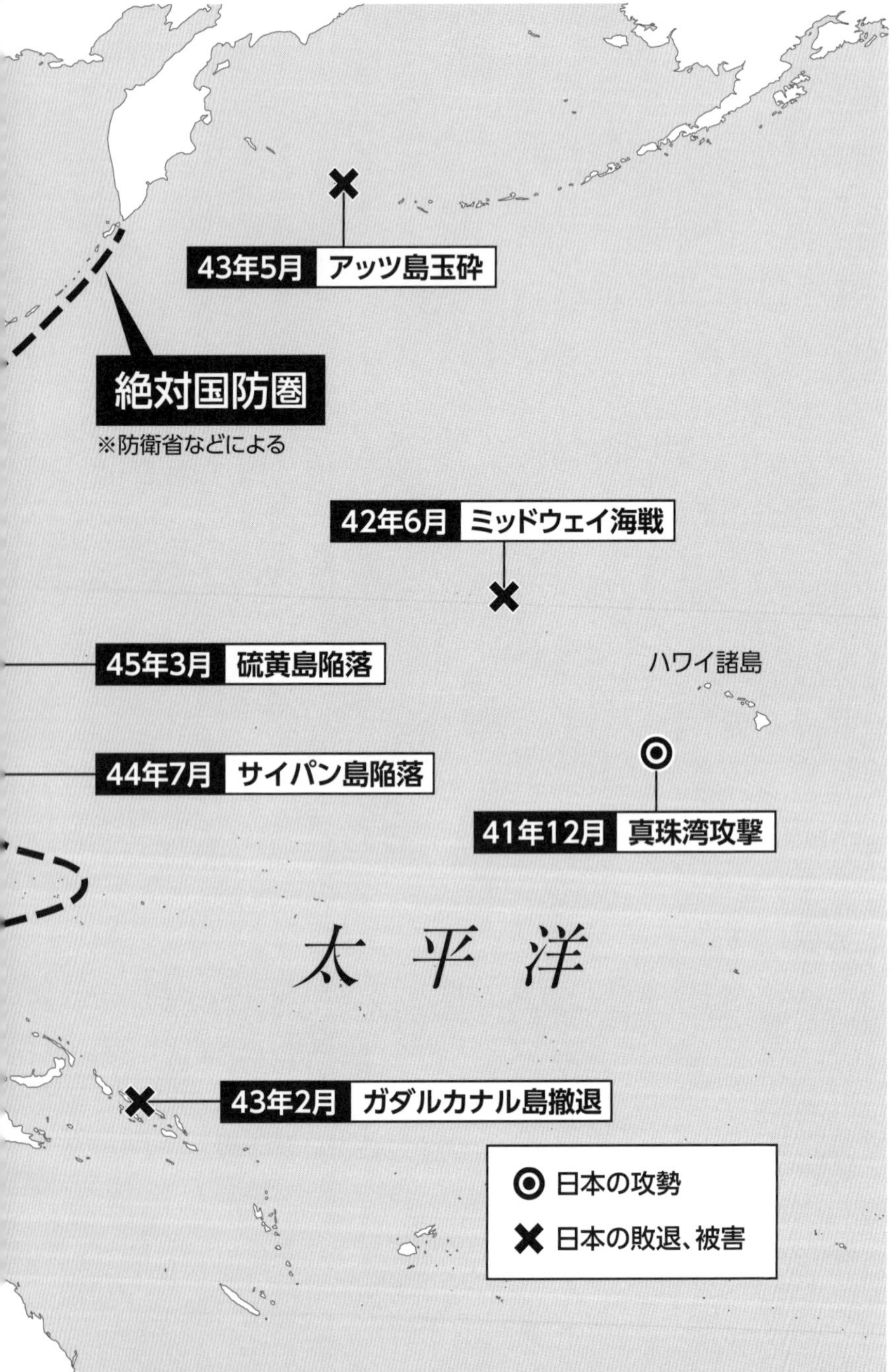
43年5月 アッツ島玉砕
絶対国防圏
※防衛省などによる
42年6月 ミッドウェイ海戦
45年3月 硫黄島陥落
ハワイ諸島
44年7月 サイパン島陥落
41年12月 真珠湾攻撃
太平洋
43年2月 ガダルカナル島撤退
日本の攻勢
日本の敗退、被害

日中戦争以降の主要戦闘

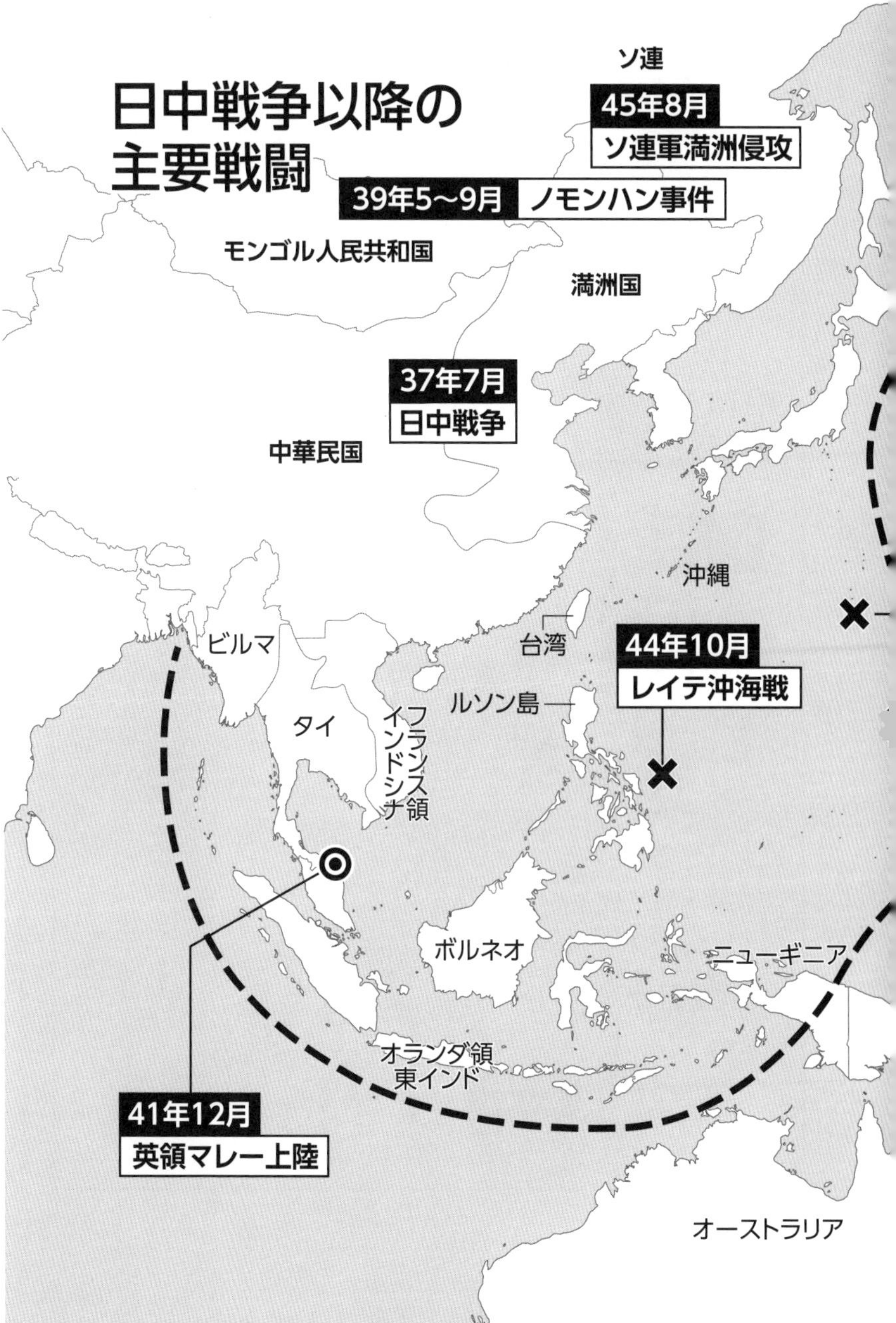
ソ連
45年8月
ソ連軍満洲侵攻
39年5〜9月
ノモンハン事件
モンゴル人民共和国
満洲国
37年7月
日中戦争
中華民国
沖縄
台湾
44年10月
レイテ沖海戦
ビルマ
タイ
フランス領インドシナ
ルソン島
ボルネオ
ニューギニア
オランダ領東インド
41年12月
英領マレー上陸
オーストラリア

沖縄本島の地図
辺戸岬
伊江島
古宇利島
屋我地島
瀬底島
八重岳
名護
国《くに》 頭《がみ》
中《なか》 頭《がみ》
山田
残波岬
久良波
伊波
読谷山
伊計島
北飛行場
宮城島
嘉手納
渡具知
中飛行場
平安座島
浜比嘉島
海軍小禄飛行場
嘉数
宜野湾
南飛行場
棚原
津堅島
天久
前田
小波津
運玉森
那覇
安里
首里
与那原
久高島
阿波根
座波
湊川
糸満
国吉
名城
真栄里
摩文仁
喜屋武
山城
米須
島 尻
0
10km

歩兵第32連隊の編成

- 本部 —— 北郷格郎（大佐）
  - 第1大隊 —— 伊東孝一（大尉）
  - 第2大隊 —— 志村常雄（大尉）
  - 第3大隊 —— 満尾安二（大尉）
  - 連隊砲中隊 ※156名
  - 速射砲中隊 ※106名
  - 通信中隊 ※144名

第1大隊の編成（総員799名）

※大隊本部、歩兵中隊（第1、第2、第3中隊）、第1機関銃中隊、第1大隊砲小隊からなる

1）大隊本部 ……55名（行李〈輸送機関〉含む）

2）各歩兵中隊 ……179名（総員537名）

- 指揮班、小隊3個

小隊 —— 小銃分隊3個、擲弾筒分隊1個

- ●小銃分隊 —— 軽機関銃1挺、小銃約10挺
- ●擲弾筒分隊 ┬ 擲弾筒4筒（増加配備1筒を含む）
  └ 小銃約10挺

3）機関銃中隊 ……137名

- 指揮班、小隊2個

小隊 —— 分隊4個、各分隊重機関銃1挺

4）大隊砲小隊 ……70名

- 指揮班、分隊2個

分隊 —— 砲1門

ずっと、ずっと帰りを待っていました

「沖縄戦」指揮官と遺族の往復書簡

- 沖縄戦の描写は、伊東孝一大隊長（当時）による私家版の手記『沖縄陸戦の命運』を土台に、復員した同大隊兵士、戦没者およびその遺族らによる手紙や証言、その他の記録などを参照・一部引用したうえ、構成しています。
- 戦没した兵士のご遺族による手紙は、原則として原文をそのまま掲載していますが、一部、体裁を整え、文語体を口語体に直すなどの編集を加えています。
- 戦没した兵士の年齢や階級は亡くなった当時のものです。
- 取材対象者はじめ、ご協力をいただいた方々の年齢は、取材当時のものです。
- 戦没地は現在の地名で表記しました。

第一章　戦いは強固な陣地づくりから

——沖縄上陸と戦闘準備（一九四四年夏〜四五年四月中旬）

「でも、どうして。あんなに早く」

後藤豊　准尉（享年二三）
糸満市阿波根で戦死（四五年四月一八日）

満洲からの転戦

一九四四年七月、満洲の東部国境に近い東安省・楊崗《やんがん》。歩兵第三二連隊の将校集会所で、私、伊東孝一は、連隊砲中隊長の三好清彦中尉と、夜が更けるのも忘れて語りあっていた。彼は、陸軍士官学校の後輩である。

「おい三好、とうとうサイパンが落ちたなぁ」

「伊東さん、実に脆かったですね」

「これで日本は敗れた。すべてやり直しだ。復興まで二〇年間は覚悟せねばならんぞ」

戦時中の現役軍人の立場では、けっして漏らしてはいけない内容だ。周囲に誰もいないのを幸いに、思わず心情を吐露していた。

大東亜戦争の緒戦の華々しい戦果とは逆に、ミッドウェイ海戦（四二年六月五～七日）の躓《つまず》きが転機となって、日本軍は米軍反攻の前に惨敗を続けていた。ノモンハンでの敗北が天啓であったのに、その教訓を受け入れずに装備の近代化を怠り、大東亜戦争へ突入した日本軍。振り返れば、日露戦争での勝利を契機に、陸軍の進歩は停滞した。

軍神と崇められるか否かは、死に際によって決まる――。そうした精神主義に偏った風潮に支配されて、火力を軽視し、歩兵中心の戦術が主流になった。それが兵学を極めようとする若手将校らの憂慮を深めているのだ。

かたや米軍は当初、台湾攻略の計画に力を注いでいた。が、南太平洋の島々に展開していた日本軍を飛び石を伝うようにして陥落させるうちに、フィリピン攻略が予想よりも早く進み、ルソン島などに基地を確保できる見込みが出てきた。

ゆえに、小笠原と琉球諸島への作戦へ傾いていく。東京から距離のある台湾よりも、硫黄島や沖縄を攻略する方が本土攻撃への近道になるし、日本軍が駐屯している南方の島々との分断も謀れるからだ。

そして、四四年一〇月三日、米統合参謀本部は太平洋地域総司令部に対して、「四五年三月一日までに南西諸島内で拠点を占領せよ」と発令。翌四五年一月六日付で、「アイスバーグ作戦計画書」をまとめ、修正を加えながら、遂行に動き始める。

こうした米軍の沖縄攻略計画が進行するなか、日本軍の大本営は米軍が台湾と沖縄のどちらに上陸するか、その判断に逡巡していた。そして、敗色が濃厚となりつつあるフィリピンへ兵力を増強するため、台湾から第一〇師団と第六八旅団を転用し、その穴埋めに沖縄へ配備中の第九師団を台湾に充てようと動き出す。

歴史の歯車が音を立てて回り始めていた沖縄開戦前年の夏、私が率いていた歩兵第三二連隊第一大隊は、荒涼とした満洲東部国境の警備から亜熱帯の沖縄本島へ転戦するため、那覇港に上陸した。直後に連隊長と連絡を取るため、軽便鉄道に乗って終点の嘉手納へ向かう。

その途上、通勤客で満員のデッキに乗り合わせた乙女が二人、声高らかに恋の歌を唄っている。戦況が切迫している時節、それを気にも留めていないかのような風情。守地の南国の風物は、どれも目新しく幻想的だった。

弱者の戦法の効果

忘れもしない一九四五年三月二三日、その日は朝から晴れていた。

本島南部にある糸満の駐屯地に設けた急造の茅葺き小屋で朝食をとっていると、突然、キーンという低空飛行の音と同時に、「ババン、バババン」と叩きつけるような音が襲ってくる。小型機が機銃を連射してきたのだ。

反射的に小屋を飛び出して岩陰に潜り込みながら、叫ぶ。

「みんな隠れろ！」

周囲を見ると、緊張した面持ちの部下たちが、あちこちの岩陰にへばりついている。

これまでの米軍機は偵察に来るだけだったので気にも留めていなかったが、この日は違った。

緊迫の数分間が過ぎると、目標は近くの製糖工場だと判明。間隙を縫って茅葺小屋の脇にある洞窟陣地に飛び込む。敵は数機の編隊を組んで、入れ替わり立ち替わり銃撃を繰り返す。

（なぜ、あんな施設を……。つまらぬ攻撃をするものだ）

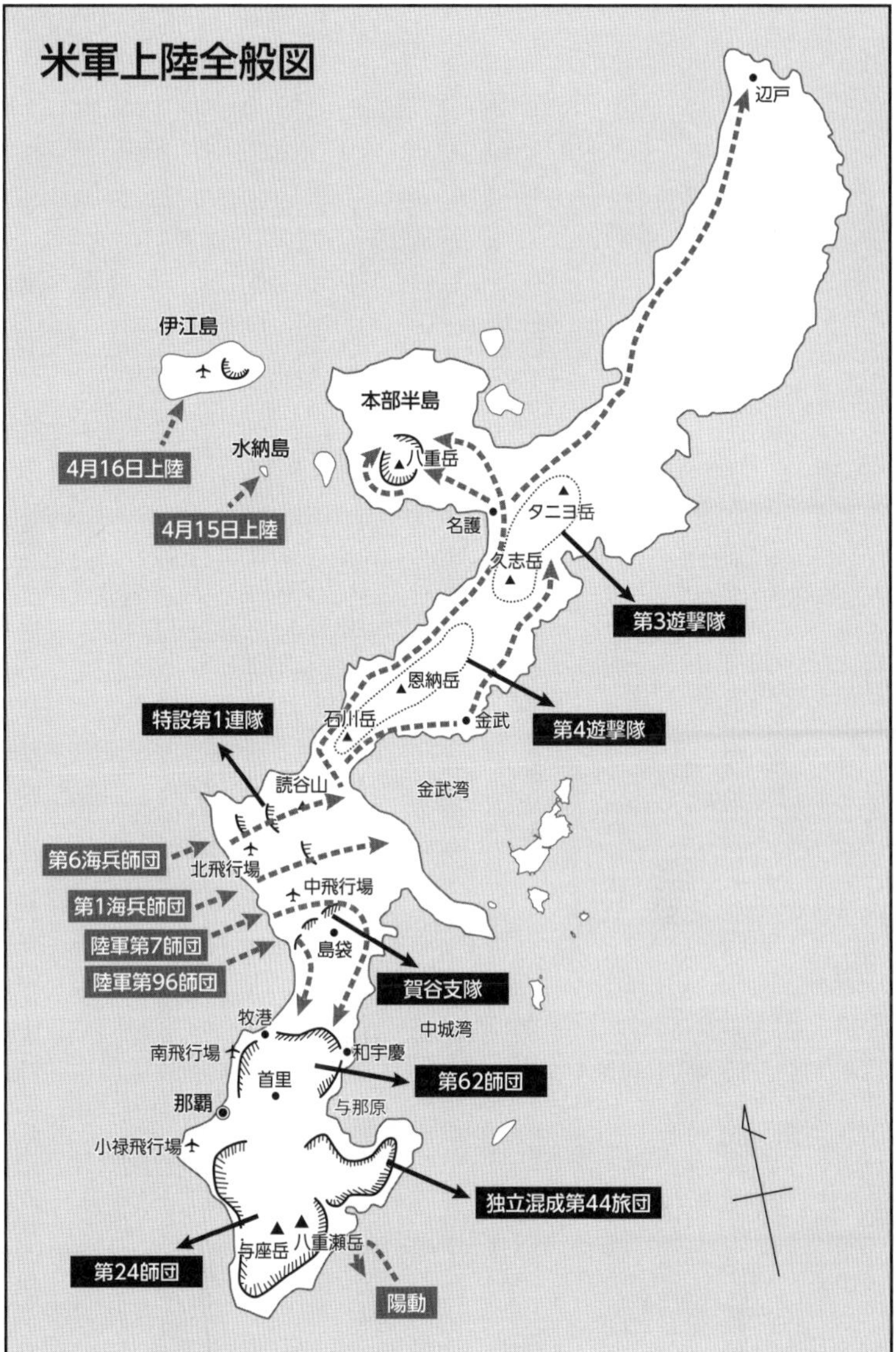
米軍上陸全般図
辺戸
伊江島
本部半島
水納島
八重岳
4月16日上陸
4月15日上陸
名護
タニヨ岳
久志岳
第3遊撃隊
恩納岳
石川岳
金武
第4遊撃隊
特設第1連隊
読谷山
金武湾
第6海兵師団
北飛行場
中飛行場
第1海兵師団
陸軍第7師団
島袋
陸軍第96師団
賀谷支隊
牧港
中城湾
南飛行場
和宇慶
首里
第62師団
那覇
与那原
小禄飛行場
独立混成第44旅団
与座岳
八重瀬岳
第24師団
陽動

資料提供：水ノ江拓治

だが、遠方まで見渡すと、無数の敵機が乱舞している。すぐにそれが大空襲のほんの一場面であると気づいた。

北西にある小禄飛行場（現・那覇空港）付近から、むくむくと土煙が上がり、少し遅れてドドッと鈍い音が聞こえてくる。時折、友軍の高射砲が迎え撃つ黒煙が敵機の周りにパッと広がるが、あっという間に沈黙。遥か遠方に立ち上っている白煙は、北、中飛行場（のちの米軍読谷補助飛行場、現・米軍嘉手納空軍基地）への爆撃のようだ。

このときの米軍は一六隻の空母を中心とした機動部隊で、三月一八日から九州や瀬戸内の飛行場や艦隊などを空襲。その五日後には、沖縄本島周辺へ本格的な攻撃を開始し、初日だけで延べ三五五機を出撃させている。

さらに翌二四日には、南西諸島へ向かう日本軍の増援部隊を乗せた船団を全滅させ、本島南部へ艦砲射撃を浴びせながら、上陸予定地点の掃海作業も始めている。

それは、日本の反撃能力を奪い去るのが目的だった。

「いよいよ来たか！」

誰に言うともなく、大声が出ていた。

今か今かと待ち望む闘志とともに、若干の恐れを抱きながら窺っていた敵の上陸が、現実感を伴って迫っている。これで死に場所は沖縄と決まった——。そう感じた途端、故郷の父母の顔が瞼に浮かんだ。両親はともに健在で、弟妹もいる。妻子を持たない自分一人が死んだとて、何ほどの事があろうか。すでに腹は括っている。

何よりも、陸軍士官学校から七年間積み重ねた勉学と鍛錬の総決算をするときが来たのだ。大尉に任官してからの年月は短く実戦の経験はないが、笑われるような戦《いくさ》はしない、との自負がある。その前途を示すがごとく、空を覆うばかりの敵機の攻撃は我が大隊に何の被害も与えていない。

それは、堅固な洞窟陣地の建造に励んだからだ。四五年一月からの約三カ月間、将兵たちが一日も休まないでスコップとつるはしをふるい、糸満の阿波根《あはごん》から照屋《てるや》地区に至る海岸沿いの丘陵地帯に、総延長一〇キロメートルにもわたる地下要塞を構築した。両端から掘り始めた洞窟が貫通した途端に、抱き合って泣く兵の姿があったほど、築城には苦労した。

日本軍の沖縄守備隊は戦いに先駆けて、約九万五〇〇〇人の総兵力で全長一〇〇キロメートルに及ぶ洞窟陣地を構築している。が、伊東大隊と配下の防衛隊員は一〇〇分の一の約九〇〇人ながら、軍全体の一〇分の一に達する陣地壕をつくり上げたのだ。

「生きた戦訓である。他部隊に益するところ大なるを感謝す」

上官の雨宮巽師団長が、伊東大隊の成果を隷下部隊に布告。長勇《ちょういさむ》参謀長からもお褒めの言葉を頂いた。

戦いにおいて、守る側が陣地を固めるのは必須だが、部下たちがここまで働けたのは、「弱者の戦法」の精神を習得したことが大きかった。堅固な軍陣による防御で、何十倍もの敵の銃機器の威力をじゅうぶんに発揮させず、がっぷりと四つに組んだ戦いに持ち込むことができる。

そして、上陸してくる敵を地下要塞で食い止め、敗戦の一途をたどる日本陸軍にも背骨があることを知らしめる戦術だ。

「よく築城する部隊はよく戦う」とされている。この日の大空襲以来、連日の艦砲射撃や空爆を受けたが、洞窟陣地内での被害はなく、死傷した兵数も総員の一パーセント以下だった。常日頃から唱え続けて来た弱者の戦法の効果が、いかんなく発揮されている。それが誇らしかった。

しかし、戦術が功を奏しても、死者が出るのが戦争だ。

阿波根地区の防衛を担当していた後藤豊准尉が四月一八日、米軍艦載機（軍艦などに搭載・運用される航空機）からの機銃掃射で戦死した。敵の上陸地点を迎え撃つための新たな砲兵陣地を構築するため、作業支援の指揮を執っている最中のことだった。

伊東大隊は四中隊と一小隊の約八〇〇人で構成されている。第二中隊の指揮班長だった後藤准尉は、中隊長を補佐する重要な役割を担っていた。射撃の名手であると同時に、その指導教官でもある。ゆえに、この隊は優秀な射撃技術を持ち、評価は連隊中でも一番との誉れを得ていた。

堅固な陣地を一歩外に出れば、海からは艦砲弾が降り注ぎ、空からは戦闘機に狙われる。死と隣り合わせの日々で、陣地の構築中や司令部との伝令の途中に、部下が次々と命を落としていく。優秀なる准尉の早過ぎる死はその象徴で、隊にとって痛恨の極みだった。

私たちは、後藤准尉の妻・サトさんが伊東大隊長に宛てた返信を遺族へ届ける準備を始めた。准尉は山形出身。山形県遺族会が探してくれた数件の遺族のなかで、准尉の長男・隆さん（七三歳）が最も積極的に動いてくれた。

「お袋が書いた手紙で、親父のことが書いてある？　うーん、にわかには信じがたい話だけど……。その話が本当だったら、読みたいなあ、欲しいよ。あなた方は青森県に住んでいるんでしょう。私が直接、自家用車を運転して受け取りに行くから。ね、そうさせてほしい」

手紙は遺族へ直接、届けることを原則としている。それは、個人情報に誤りがないことを確認してから手渡すためであり、その折に聞き取り調査をさせてもらうためだ。伊東大隊長からのメッセージを伝えたあと、受け取った遺族からの返答を頂くのも大事な務めである。

今回、隆さんからは、私たちが自宅へ訪問するのではなく、青森まで直接受け取りに行きたいとの要望を受けた。

とはいえ、山形からの距離は三〇〇キロメートル以上あり、私たち夫婦の自宅は日本海側のため、高速道路は切れ切れでしか開通していない。七三歳の隆さんに無理はさせたくなかった。

窮余の策で山形県の遺族会に相談すると、

「ならばうちの事務所を使ってください。とても興味深い内容なので、可能ならば私たちも立ち会わせてほしい」

申し出をありがたく受けることにした。

当日、遺族会の事務所に現れた隆さんは、電話でやり取りした哲二の顔を見るなり、駆けよらんばかりの勢いで握手を求めてくる。

「浜田さんですね。ありがとうございます」

職人のようなゴツゴツとした手が、年齢を感じさせない力強さで握り返してくる。

「驚いたなぁ、手紙は本当にあったんですね。いや、驚いた」

興奮を隠すことなく、自らの身の上を話し始めた。

後藤准尉は、隆さんが生まれる前に出征し、息子の顔を見ることもできずに戦死した。

母のサトさんが何も語らなかったので、隆さんは父の面影を知らずに育つ。幼少期、仏壇の引き出しにあった一枚の肖像写真が気になっていた。軍刀を抱えた兵士の凜々しい姿。

やがて母から、「この人がお前の実のお父さんだよ」と教えられる。その時に初めて、父が戦争で死んだと知った。以来、たった一枚しか残っていない遺影を宝物として、自分の部屋に飾り続けてきたという。

中学校時代、実の父がいないことでいじめを受けた。その心の傷を癒してくれたのが、豊さんの軍服姿の遺影。鋭く見えるが優しくもある眼差しが、弱気になりがちな自分を励ましてくれるように感じた。

一九二〇年生まれの母・サトさんは、手紙の返還当時、九七歳。戦後に再婚しており、隆さんには異父の妹弟がいる。実父のことをもっと知りたかったが、母が新しい夫に気を遣っていたので、豊さんのことは戦後、家族の誰も口にしなくなっていた。

そんな息子を不憫に思ったのか、母が高校への進学を勧めてくれる。同級生の多くが中学校卒で、都会へ集団就職する時代。貧しくて、自身は学べなかったことを悔いていた母の思いやりだったのだろう。その頃から、しっかり学んで恩返しをすると、隆さんは心に誓っていた。

義父の仕事は、履物の仲卸。時代は高度経済成長期であったが、複数の子供を抱えた一家の暮らしはけっして楽ではなく、むしろ厳しさは増すばかりだった。高校を卒業した隆さんは、家計を助けるために上京し、築地の魚河岸や青果市場などで働きながら、故郷へ仕送りを続ける。母を支え、異父の妹、弟の学費を捻出するために、午前二時からお昼頃まで毎日がむしゃらに働き続けたそうだ。

ただ、都会での生活に慣れてきても、戦没した実父へ抱いた思慕の念は深まるばかりだった。結局、義父の仕事を手伝うために山形へ帰ってきたが、実家には豊さんを供養する墓もなければ位牌もない。実父の事が何もわからないまま、七〇歳を過ぎるまで家族のために懸命に働いてきたという。

朴訥な東北の男が、涙をこらえながら語る父母への想いが、胸に迫ってきた。

ここで、同行した学生がサトさんの手紙を読み上げる。

大隊長のもとへ届いた文《ふみ》の多くは一九四六年頃に書かれており、候文や難解な古語などが混在していた。それを現代の遺族も読めるように訳したので、内容確認のため返還時には必ず読み上げたのだ。

その時に、遺族の前で手紙を朗読したり、戦死の状況を報告したりする「担当者」を一緒に活動するボランティアの若者たちの中から選出した。責任感を持って遺族に寄り添い、細やかな心配りができるように、という配慮である。

妻・後藤サトさんからの手紙（一九四六年五月二八日）
先日は、御書面有り難う御座いました。
永い間、御苦労様でございました。又あの節は、主人共、色々御世話様に相成り、厚く御礼申し上げます。

常に覚悟はしていたものの、世が敗戦故、なんとかしてと、淡いのぞみをもたぬわけでもございませんでした。

早速山形に行って、山崎副官殿とお会いし、くわしく状況伺って参りました。

人名簿を見れば、あの通り、皆様、御戦死なのですもの。仕方なしと申すより外はございません。でも、どうして。あんなに早く、上陸直後にやられたとは思いませんでした。少しでも奮戦した後だったらと、それのみ残念でなりません。

過去の事は考えてもなにもならず、将来の生活に身を固めて、父の顔も知らない一子、隆を一人前に育て上げ、故人の遺志をつがせるべく、決心致しました。今後、何かと御世話様に相成る事と思われます故、何卒末永く、よろしく御願い申し上げます。

先ずは、乱筆にて御返信まで。

時節柄、御自愛の程を。

かしこ
後藤さと子
五月二十八日
伊東大隊長殿

この手紙の差出人は「さと子」さん、となっている。当時の女性が手紙を書く時、自らの名へ

母・サトさんが終戦直後にしたためた手紙を読む隆さん

「子」をつける習慣があったからだ。おもにカタカナ二文字や漢字一文字の名前を持つ人が使っていたとされ、いにしえの身分が高い女性の名によく使われていた「子」を末尾に付け加えるのが礼儀正しい、との考え方に依拠するようだ。サトさんと同じく、遺族が伊東大隊長へ送った手紙の中にも、戦没者の母や妻の戸籍上の名に「子」を付け加えたものを何通か見かけている。

　学生による朗読が終わると、隆さんは深々と頭を下げた。

「驚いたなぁ。お袋が親父をこんなにも思っとったとは……。戦後の暮らしでは、それがいっさい、わからなかった」

　言葉を詰まらせながら語る。

「最後の部分にある、〝一子、隆を一人前に育て上げ、故人の遺志をつがせるべく、決心〟は、お袋らしいな。いじめられたときも、しっかりしろと強く励ましてくれたんだ」

溢れ出る涙を拭う。

隆さんによると、サトさんは高齢者向けの福祉施設に入所しているが、食欲も旺盛で元気に過ごしているという。

そんな母が終戦直後にしたためた手紙が返ってきたことは、本人には話さないつもりだそうだ。紆余曲折を経たつらい過去を思い出させたくない、という息子の配慮だろう。

「足腰は弱っているけど、たぶん一〇〇歳まで生きると思う。俺にとっては、素晴らしい母親だもの」

隆さんは再び深々と頭を下げ、拝むように手紙を受け取った。

「手紙を届けてくれた皆さんと伊東大隊長へ御礼を申し上げたい。もう胸がいっぱいで、夢を見ているようだ。諦めかけていた親父の面影が、目の前に浮かび上がってきた。言葉を紡げないほど感動している。今は、国や家族のために戦って亡くなった親父のことを誇りに思える」

帰り際、「サトさん以外のご家族に手紙を見せますか」と尋ねると、少し考え込んだあとに笑顔で答えてくれた。

「父が違う妹、弟には見せてもいいかな。でも、自分の子どもたちへは、どうしようか……。本当はお袋にも見せてやりたいけど、もう齢だからね。それに、父母の期待に添えるほど、俺が立派に生きているのかと考えさせられる内容だもの。家族に見せられるのは、その答えが出てからかもしれないね」

終戦の年に生まれ、戦後の復興と発展を支えた企業戦士でもあった隆さん。二〇二三年の秋に連絡した時には、「今もタクシードライバーとして働いているよ」と快活に笑った。家族のため真面目に働く姿は、七八年前の豊さんと重なり合うかのように感じられた。

第二章　陣地なき戦い

——緒戦、西原・小波津の戦闘（一九四五年四月末）

「姿は見えなくとも、夫はきっと生きている。私の心の中に」

田中幸八 上等兵（享年三二、推定）
西原町小波津で戦死（四五年四月二九日）

初弾の恐怖、そして出陣

一九四五年三月二四日。大空襲を受けた翌日は、大隊が所属する歩兵第三二連隊の軍旗祭。北郷格郎連隊長から、「各本部、隊ごとに遥拝《ようはい》すべし。時刻は空襲を考慮して、夜明け前とす」との達しがあった。

それを受けて、部隊に訓示を与える。

「元寇の役には九州・博多の水城《みずき》によって、元の大軍を防ぎ、国難を救った。今や沖縄本島は、対米戦の水城である。ここで我らは決死救国の誠をつくそうではないか」

隊の士気は高まっているが、明るくなった途端、我らの意気込みを上回るがごとく降り注ぐ、空襲の嵐。ついには、大小無数の敵艦船が見え始めた。その光景こそ、「敵機空を覆い、艦海を圧す」がごとし。大は数万トンの戦艦から、小は数百トンの艦艇に至るまで、無数の艦船が東シナ海を北上していく。

この分では、上陸は本島中部・中頭地区の西海岸あたりか……。いよいよ来たるべきものが来たと、身体が引き締まるのを覚えた。この日以降、大隊の全員が洞窟陣地へ配置につく。大東島では米軍が艦砲射撃だけで引き揚げたこともあり、あるいは……との望みも捨てきれなかった。

しかし、予測した通り米軍は、四月一日を期して中頭地区の読谷村から上陸。小さな島々に一五〇〇隻近い艦船が押し寄せ、総兵力は延べ約五四万人にも達したという。

最初にその敵を迎え撃ったのは第六二師団で、伊東大隊が所属する第二四師団は糸満を中心とした島尻南部の防備についている。ここぞという日のためなるべく洞窟に滞在し、安全な時だけ外に出るようにしていた。

ある夜、糸満の街を巡視中、沖合数千メートルの敵艦が吐く閃光を認めた。少し置いて「ビューン」と鋭い音が頭上に被さり、続けざまに「バァン」と激しい爆裂音が全身を揺さぶる。

その瞬間、伏せていた。一連の音が肺腑を抉《えぐ》り、とめどもない恐怖に襲われる。が、着弾点は遥か後方で、あんなに遠い弾にひれ伏したのかとわかると、なんとも恥ずかしい。ただ、何度か経験するうちに、「ビューン」と「バァン」に間のあることがわかり、直撃、もしくは至近弾を受けない限り、危険度は低いと判断できるようになった。

ただ、理屈ではわかっても、どうにも恐ろしさが消えない。自らの立場上、理性では立っていたいが、本能的に伏せてしまうのだ。矜持もあるのでなんとか不動の姿勢を保とうとするも、動揺のために身体が揺れて、つい足が一歩出てしまう。

ある日の日中、部下の築城作業を視察に出たとき、頭上を砲弾がビューンと通過した。思わず道の脇にある低地に飛び降りて見上げると、路上を甘藷《かんしょ》の入ったカゴを頭に載せた地元の女性が悠然と歩いている。

「これが守備隊の大隊長たる者の姿か……」

猛烈な自己嫌悪に陥り、あまりの情けなさに思わず笑い出してしまった。路上からさっきの女性が驚いた表情で見下ろしているが、どうにも止まらない。

次の日から、夜間訓練を部下に命じ、毎晩のように巡視をする。その都度、頭上で照明弾が破裂し、敵の砲弾がビューンと越えていく。だが、もう動揺はしなくなっていた。昨日の女性に奮起させられたのだろうか。

昼は洞窟内で砲爆撃を避け、夜になると行動する生活が二〇日余り続いた。

日没を待ちかねて外に出ると、南国の赤い大きな月が昇ってくる。作戦行動中であることをひととき忘れて見とれていると、北方の戦場で夥しい数の照明弾が打ち上げられ、夜空は妖しい白光を帯びていた。

その下で今も、戦いが続いている。さらに遠方の北、中飛行場と思われる方向で、無数の曳光弾が打ち上げられ、時折、高射砲弾の閃光が炸裂、空は焼けるような十字の砲火に覆われた。特攻機が飛来しているのだ。

いずれも遠目には美しい光景で、苛烈な現実は夜の闇にまぎれて見えてこない。が、そこでは我が日本軍が、そして米軍も死力を尽くして戦っているのだ。

大きな運命の渦に巻き込まれ、部下とともにその真っ只中に行かねばならない。もう生き延びて、昔の生活に戻ることはできないであろう。

今は国のため、命ぜられる方向に突き進み、たとえ命果つるとも、短い人生であろうとも、充実した生の瞬間を持つことが永遠に生きることだ、と思い続けている。最期はこの夜景のように、美しく散ることを願いながら。

首里に向けて闇夜の行軍

軍司令部から、敢闘してきた第一線の第六二師団が、独力では対抗できないほど戦力が低下し、防衛線崩壊の危機が迫っていると伝わってきた。そこで第二四師団を北方正面に転用し、両師団を並列させて敵を迎え撃つという。

四月二二日朝、連隊本部から命令が下される。第二四師団に属する我が第一大隊は戦闘参加の目的をもって、首里南側に進出すべし、と。

「いよいよ来たか」

あえて落ちついた声で言い放つ。

洞窟で燻っていたモヤモヤが吹き飛んだ。

早速、出陣命令を出すとともに配下の将兵たちに決意を述べる。

「皇国の前途決するときは来たれり。今まさに待望の戦場へ赴かんとす。一兵の行動よく一戦闘の勝利の先駆けとなり、一隊の行動また一戦場の勝因となる。全軍戦勝の基《もとい》は我が大隊よりの心情をもって、必勝を期すべし」

そして、最前線へ向かうため、大隊を三梯団に分けて、三本の道路で夜間機動することにした。米軍の砲撃で道路が寸断されているうえ、途中の攪乱射撃で損害が出ることを考慮したからだ。

大隊レベルの小部隊では、普通は一梯団で行動するが、沖縄では配慮が必要だった。固有の兵力約八〇〇名と配属の連隊砲中隊約八〇名、独立機関銃中隊約一三〇名を加えた総勢約一〇〇〇名で同日、日没を待って首里に向け前進を開始する。

沖縄地方の梅雨入りは例年五月上旬であり、その少し前の時期は夕刻から未明にかけて雨が降ることが多い。敵に察知されないようにするため、移動は夜間に限られるので、泥濘と化した山道を四〇キロ近い装備を背負って進む兵たちの難苦は、想像をはるかに超えていた。

おまけに敵が二〜三分おきに照明弾を打ち上げるので、異常な明るさに眩んだ眼は暗闇に戻ると何も見えなくなる。仕方なしに、暗くもなく、明るくもない時を選んで進むしかない。ようやく稜線に出て振り返ると、兵たちが黒い列をなして続いているのが闇に浮かんだ。もう前線は近い。

麓に降りると、第二中隊の部下たちが急ぎ足で通り過ぎていく。大山隊長はどうした、と問いかけた。

「もうだいぶん前に行かれたはずです」

答えながらも、先を急ごうとする。

大隊にとって初戦となる小波津《こはつ》地区防御の第一線は、第二中隊長の大山昇一中尉に命じてあった。もし到着が遅れて敵の進出を許したら、軍全体の作戦に狂いが生ずることを承知で、最前線へ突進しているのだろう。ゆえに部下たちも、大隊長の問い掛けに立ち止まりもしないで進軍を続けている。

やがて砲火が途絶え、照明弾が止んだ。東の空が白み始めて、右前方に中城《なかぐすく》湾が見えてくる。

薄明の中に点々と浮かんでいるのは敵の艦船だ。大小様々の群れに思わず息を呑む。これから戦うべき敵の物量をまざまざと見せられたのだ。

夜が明けきった頃、地図上で予定していた大隊本部の位置にようやく辿り着く。兵は疲れ果て、敵方の斜面に腰を下ろしてぼんやりしている。このままでは危ないと心配していると、副官が数個の墓穴を見つけてきた。

沖縄の伝統的な墓は、岩の割れ目に横穴を掘るか、石を囲んだ形状をしたものが多く、中には一〇人くらいは入れる広さがある。ひとまず大隊本部をそこへ入れた。戦のためとはいえ先祖を祀る大切な場所を暴いてしまって申し訳ない、と詫びながら。

ここで一息つきたいところだが、師団司令部への報告があるし、敵情の捜索も必要だ。であるのに心が重い。守るべき地の陣地があまりに貧弱だからだ。この地で戦う部下たちの命を、どれだけ失わずに済むだろうか。

というのも、糸満に設営した地下要塞に比べると、墓穴のほかに利用できそうな洞窟が見当たらないのだ。これではタコツボ（個人用の塹壕）を急造するしかない。弱者の戦法の第一歩である堅固な陣地で戦う望みは完全に消えた。猛烈な集中砲火にどれだけ持ち堪えられるのか、暗い予感がする。その夜は敵との戦いを予期して、さすがによく眠れなかった。

四月二七日となり、夜の明けぬうちに洞窟を出た。暗闇の中に静かに横たわる沖縄の山々は、一幅の墨絵のようだ。しかし、この静寂も、鉄火の洗礼の下で、様相を一変させるだろう。私にとっては軍人を志して以来の初戦である。感慨は、明け初めてきた空を震わせる敵艦砲の破裂音によって破られた。

戦いの火蓋が切られたのだ。

日が高くなると、敵の陸上砲兵の集中砲火が強まり、大山隊のいる小波津西側の丘に設けた野戦陣地へ向けられた。砲火は熾烈を極め、土煙に包まれて何も見えない。

やがて延々と続いていた砲声がパタリと止んで、銃声が聞こえ始める。前進する敵の歩兵へ、大山隊が応戦しているのだ。

「大山隊戦闘開始！」

伝令が叫びながら、大隊本部へ飛び込んできた。

ただちに命令を発す。

「各隊は計画に基づき戦闘を実行すべし」

この時から、我が大隊の将兵を地獄へ引き込む戦端が、亜熱帯の山野を舞台に開かれた。

タコツボからの肉薄攻撃

第二中隊に所属する田中幸八上等兵も、この激戦の最前線で配置についていた。米軍の物量による攻撃はすさまじく、砲撃が止むと、すぐ目前にまで戦車や歩兵が迫ってくる。それに対し、連隊砲が頭越しに砲撃を開始。友軍の射撃は正確で、敵戦車が一両、また一両と破壊され、動けなくなる。

「よし、いいぞ！」

タコツボに身を屈めていた田中上等兵が思わず声を上げた。入営まで、大口径の火砲などを製造する大阪の陸軍造兵廠で働いていたので、自軍の砲の活躍は自らの手柄のように誇らしかったようだ。

しかし、敵の戦闘意欲は侮りがたく、次々と新しい戦車が前方や側面から出現、独特の地響きを立てながら前進し、頻繁に砲撃してくる。その後ろには一定の距離をおいて歩兵が随行し、戦車へ走り寄って肉薄攻撃を仕掛けると、狙い撃たれるのだ。

ゆえに我が軍の歩兵の対戦車戦は、タコツボや通行壕の中に身を潜めてじゅうぶんに引き付けてから、磁力吸着式の破甲爆雷や背負子《しょいこ》がついた急造爆雷などで立ち向かう。ただ、連発式の自動小銃など、最新の武器を手にした後続の歩兵は、とてつもなく手強い。だから、ギリギリの間が勝敗を分けるのだ。

田中上等兵は、背負子式の急造爆雷を最初に目にしたとき、不安がよぎったという。

「こんな、木の箱に詰めただけの火薬……。きちんと発火するのでしょうか」

造兵廠で製造していた重厚な大砲や砲弾に比べると、あまりにも貧弱すぎると感じたようだ。でも、物資が足りない日本軍。今はこれしかないのだ、と自らに言い聞かせながら、最前線へ赴いていった。

敵の戦車が中隊の指揮所に迫っている。ここで大山中隊長たちがやられたら、隊は総崩れになってしまう。田中上等兵たちが潜んでいるタコツボから、数人の日本兵が飛びだした。米兵が放つ銃声とほぼ同時に爆発音が鳴り響いて、土煙があがる。米戦車の進撃が止まっていた。


田中幸八上等兵の妻・輝子さん（享年八〇）が終戦直後、伊東大隊長へ送った手紙には、帰ってこない夫への想いや二人の遺児の様子など、戦争未亡人の悲哀が切々と訴えられている。そして、同封されていた戦没者の写真には、「輝子へ渡してほしい」と裏書されており、田中上等兵が満洲から送った大切な写真だったと思われる。

ゆえに、どうしても遺族へ届けたい一通だった。

妻・田中輝子さんからの手紙（一九四六年七月一日）

おはじめてのお便り、御免下さいませ。

私はこの度、沖縄島の首里方面にて戦死を遂げたという報を承りました、田中幸八の妻で御座います。過日は御ていねいにお知らせ下され、誠に有難う御座いました。去る六月十一日に受け取りました。

早速、御返事差し上げなければならない所、色々と心の落ちつかぬに任せまして、つい今日まで延引いたしました事を、悪しからずお許し下さいませ。

存命中は、一方ならぬ御世話様になりました事を、厚くあつく御礼申し上げます。

近き所ならば、早速参上いたし、夫の最期をこまごまとお聞き致しとう存じますが、何分遠方にて残念です。

私達は昭和十九年四月、大阪より北海道の実家へ疎開いたして居りましたのです。夫からは昨年二月末まで便りが有りました。その後、あの通りの激戦になり、牛島中将以下、最後の突撃の報を聞きました時は、もうだめだと覚悟をして居りましたが、また沖縄には、たくさん兵隊さんが生存しているというお話を聞きますと、またもしかしたらと、色々と心が迷ってなりません。

思えば、昭和十六年七月十七日、元気で出征したあの姿、今もはっきり眼に浮かびます。隊長様、本当に戦死したのでしょうか。夫はもう帰らないのでしょうか。ああ、何も考えまい。すべてが天命です。

姿は見えなくとも、夫はきっと生きている。私の心の中に、強くつよく生きています。そうして二人の子供の成長を、きっときっと祈っていて下さる事を信じます。今後は心の夫に励まされ、強く正しく生きる覚悟です。

夫の出征当時は、長男は四才、長女は二才でしたが、今では上は三年生、下は来年の入学を楽しみに待っております。二人共、父の愛というものを知りません。今は何も知らず、真っ黒になってはねまわっています。

二人の子の父となり、母となり、強くつよく生きます。

かしこ

二伸
誠に粗末な御写真で御座いますが、同封いたしますから、どうぞ御受け取り下さいませ。では乱筆乱文にて御許し下さいませ。
何卒御自愛専一に御祈り申し上げます。

伊東孝一様

田中輝子　拝

まず、差出人の住所である北海道幕別町を訪ねた。トウモロコシやジャガイモなどが栽培されている広大な農園が続く、北海道らしい風景が広がっている。

地区の区長に田中家の消息を聞くが、まったくわからないし、噂を聞いたこともない、と首を傾げる。高齢の親類や知り合いに次々と連絡をとって調べてくれるが、手掛かりになりそうな情報は得られなかった。

気を取り直して、町の郷土資料館や図書館を訪ねる。そこで、戦前から開校している小中学校の卒業名簿や戦没者の氏名が記載されている町史などを繙くものの、田中という姓は多すぎて埒があかない。

さらには、地元の北海道新聞や全国紙の読売新聞記者に相談。彼らに探してもらうのと同時に、紙面にも掲載して情報を募るものの、残念ながら反応はまったくなく、八方塞がりの状態になってしまった。

ここで思い切って、隣の帯広市にも捜索の輪を広げた。個人情報保護が徹底されている昨今、駄目で元々と割り切って、市役所にも問い合わせてみる。予想に反して、事情を理解した担当者が協力してくれ、輝子さんが帯広市内で二〇〇〇年末に死去していたことが判明し、住んでいたアパート名も割り出すことができた。

早速、ゼンリンの住宅地図などを参照すると、その場所は老人福祉施設に建て替わっている。その運営会社に連絡を入れてみたが、輝子さんが入所した形跡はなく、高齢の入所者でも知っている人は皆無。足跡はそこで途絶えてしまった。

捜し始めてからほぼ二年、ここで打つ手がなくなる。意気消沈していると、「みらいを紡ぐボランティア」の後藤麻莉亜《まりあ》が涙目で訴える。

「諦めるにしても、最後に輝子さんが住んでいた場所に行ってみたい」

普段はおとなしいが、戦没者と遺族への想いはひと一倍強い学生だ。その熱意に押され、思い切って帯広を訪ね、最後の「地どり」を敢行することにした。

老人福祉施設へ到着するやいなや、駐車場に降り立った後藤。

「ここに輝子さんが暮らしていたのですね」

感触を確かめるようにトントンと足踏みをした。

その時、近くの工務店から店主が出てきた。少し怪訝《けげん》そうにこちらを見ている。こんな時は懐《ふところ》に飛び込んだほうがいいだろう。

「戦没者のご遺族を探しています。この近くのアパートに住んでいた田中さんをご存じないですか」

すると、一転して柔和な笑顔で案内してくれる。

「福祉施設の近所の方が詳しいはず。連れて行ってあげるから、聞いてごらん」

玄関先で女主人が応対してくれ、屋内にある電話帳を手繰《たぐ》り始めた。

「あの福祉施設とアパートの地主さんは昔から同じ方なの。連絡先を教えてあげる」

北海道の方々の親切さが身に染みる。

紹介されたのは、片山宏基《ひろき》さん（六七歳）。

早速、その携帯電話に連絡を入れてみた。

「青森から来た、戦争関連の調査をするボランティア団体なのですが」

「青森？　どんなご用件ですか」

こちらの自己紹介に、返答の声がいぶかしげだ。

「以前建っていたアパートの住人で、田中輝子さんという女性をご存じないですか」

電話を切られては困るので、間髪をいれずに聞く。

「伯母です」

あっさりと答える、片山さん。

勘違いか、もしくは聞き間違いがあったか。

「沖縄で戦死された、田中幸八さんの遺族を捜しているのです。何度も失礼ですが、田中輝子さんという人を知りませんか」

「申し上げたとおり、輝子は私の伯母です。晩年はアパートへ引き取り、私が最期を看取りました。そして、輝子の長女・邦子《くにこ》の消息もわかります」

驚愕の答えが返ってきた。やはり聞き間違いではなかったのだ。

「おしとやかで優しかった姉」の強い覚悟

摑んだ運は手放したくない。ただちに手紙を返還する交渉を始める。突然の事態に驚きながらも、片山さんは、隣町へ嫁いでいる邦子さん（七八歳）へ連絡し、すぐさま手紙を受け取ってもらえるよう、手筈を整えてくれた。

当初は日帰りの予定だったので、律子と哲二、後藤の三人でユニクロへ行って下着などを購入。帯広市内で一泊した翌日、邦子さん宅へ向かう。そこでは、片山さんと邦子さん、輝子さんの妹・多美子さん（八七歳）が迎えてくれた。

さっそく後藤が輝子さんの手紙を朗読、それを遺族の三人が涙を拭いながら聞く。とくに、妹の多美子さんは、感極まっている様子だ。邦子さんは、同封されていた父の写真を大切そうに手に取って、顔の部分を指でそっと撫でている。

そして、田中夫妻の身の上について話を聞かせてもらった。

幸八さんは、福島県生まれ。一度養子に入るが、そこを出されて北海道へ渡り、田中家の農場に働きにきていた。歌で周りの人たちを楽しませるなど、快活で明るい性格。また、手先が器用で刺繍などの針仕事や毛筆が上手だったという。

そのうえ気配りができる働き者でもあったので、見込まれて長女・輝子さんの婿養子に迎えられる。幸八さんが七歳年上だったそうだ。

召集令状が来た時は、幸八さん、輝子さん夫妻と二人の子どもは、大阪の陸軍造兵廠の官舎で暮らしていた。北海道から兵器工場への出稼ぎである。邦子さんは、その時のことをぼんやりと覚えているという。そして、「大阪城の前で記念撮影した親子四人の写真を、今も大切にしているのよ」と見せてくれた。

輝子さんの父・与三次郎《よさじろう》さんは、召集を受けた幸八さんに会うために大阪へ出向くものの、汽車や連絡船の時間が合わず、互いが行き違いになってしまい、別れの前にひと目会うことが叶わなかった。実の息子のように案じていたので、幸八さんが戦死した後、それを一生後悔していたという。

愛する夫の戦死の報に打ちひしがれるも、輝子さんは実家の農業を続け、二人の子を育て上げる。再婚することはなかった。

「早くに母を亡くした私たちにとっても、姉は親代わりでした。自分が欲しいものを我慢して、妹たちの嫁入り支度をしてくれたのです」

妹の多美子さんは声を詰まらせる。

「小学校しか出ていないのに、こんな立派な文章が書けるなんて……。〝二人の子の父となり、母となって強く生きる〟という手紙の内容に胸が詰まります。おしとやかで優しかった姉が、どんな苦労も厭わず戦後を生き抜こうとした姿が瞼に浮かんできました」

手紙の文字をなぞる手を震わせながら、咽び泣いた。

その隣で、溢れ出る涙を拭い続けていた邦子さんが、静かにつぶやく。

「直筆のメッセージが書かれた父の写真と、母の想いがこもった、こんな手紙が帰ってくるとは……。もう夢のようです」

何度も手紙を見返す妹と娘に寄り添いながら、後藤ももらい泣きしていた。

「私は親として、彼の死を決して悲しみはしない」

山崎松男　上等兵（享年二二、推定）
西原町小波津で戦死（四五年四月二七日）

ゲリラ戦に挑む、斬り込み組

敵の戦力を少しでも弱めるために、小波津の戦線でも、毎夜、斬り込みを出した。前線におけるゲリラ戦が目的である。物量に劣る悲しさで、身を挺して危険を冒さねばならないのだ。

「斬り込み組は敵を通過させた後、背後から襲撃して三日後までに帰還せよ」

部下たちに命令を出し、ほぼ三名一組で出撃させた。敵情や地形を詳細に知らせて目的を理解させ、最後に現地の酒、泡盛を酌み交わして成功を祈る。

その中に、紅顔二二歳の見習士官がいた。命じたわけではないが、完全な住民服で、手榴弾や爆薬を上手に着物内に隠している。その装いはあきらかに国際法違反だった。

「大隊長殿、必ずやってきます」

泡盛でほんのり染めた顔で語る決意を、咎めることができない。

誰もが期待をかけて送り出したが、同行した現地徴用の初年兵ともども、帰還できなかった。蕾のまま、草むす屍と散っていった若き部下の最期を想像すると、胸が痛む。第一中隊に所属した山崎松男上等兵も、そんな一人であった。物静かだが、屈強で剣道が得意だと聞く。起伏の激しい沖縄の山野を重装備で行軍しても、平気な顔で走りきる偉丈夫な若者だった。

伊東大隊の遺族へ手紙を返還するため二〇一七年、北海道苫小牧《とまこまい》市に滞在していた我々のもとに、地元の北海道新聞社（以下、道新）から一本の電話が入った。沖縄戦で戦死した兄に関する手紙はないか、と読者から問い合わせがあったという。

戦没者・山崎松男さんの妹・清子《きよこ》さん（八一歳）からだ。道新に掲載された返還活動の記事を読んだという。

「もし手紙があったら欲しい。可能ならば学生さんに届けてもらい、お話も聞いてみたい」

早速、作成したリストを検索すると、第一中隊に名前があった。父・喜久松さんが、一九四六年五月三一日に書いた手紙で、松男さんの写真も同封されている。新聞報道などにより遺族から連絡がきたのは、活動を通して初めてのことだった。

「紙面に載った手紙の写真を虫眼鏡で見て、山崎の名がないか、見覚えのある父の字はないか、懸命に探しました。本当に見つかるなんて……」

清子さんの声が震えている。

松男さんの弟・政勝さん（八六歳）の自宅がある美唄市へ、メンバーの大学生・根本里美と後藤麻莉亜の計四人で向かう。時期は一二月初旬、この日はとくに冷え込んだのか、道路脇に一メートル以上もの積雪がある。雪道の運転には慣れていたが、こんな状態は初めてだ。聞けば、この周辺は国の特別豪雪地帯に指定されているという。

到着すると、自宅の前で出迎えてくれた政勝さんが「お待ちしていました」と汗を拭う。駐車する場所も、進入路も、完璧に雪かきがしてある。早朝から、雪が積もるたびに除去してくれたそうだ。八六歳とは思えない体力に驚かされる。

手紙を返還する場には、戦没者の弟・政勝さん、妹・日出子さん（八三歳）、妹・清子さんと、その配偶者ら計五人が立ち会ってくれた。

父・山崎喜久松さんからの手紙（一九四六年五月三一日）

戦闘激烈なる遠地において、永い間は御苦労様で御座いました。

しかし、その労苦が何らの答えるところなく敗戦の悲運に終わり、母国に帰りては、一切の責任が軍にあるかの如く批判を聞くことは、余りに悲惨なることがらであると言うべきでしょう。

その批判する者の態度こそ、敗戦を導いた原因であり、現在の日本の、思想的な政治的な混乱を造りつつある、一つのものであると考えられます。

松男は死んだ。

しかし、貴官の如き慈愛ある長の下にあり、生きつつ、祖国日本の勝利の絶対を信じつつ、死を得た彼。私は親として、彼の死を決して悲しみはしない。

私は人間は、生にして、また死にしても、一つの「信ずる」ものを持って対処することが、一等幸福なるものと考えて居ります。

御希望に依り、松男の写真を一枚同封いたします。

就いては御願い申し上げますことは、松男の死の日付について。

過日、当宅へ来られた戦友の言に依れば、二十八日が戦死の日である様に申されて居り、爾後、この日を命日といたして居る訳でありますが、現認書に依れば二十七日とあり、何れが正当の日といたすべきかについて、家族の者も困却いたして居る次第。

甚だ失礼なる申し出では御座いますが、今一度、御詳査下されて、御返信を願いたく、御願い申し上げます。

先ずは、有難き御悼辞に対し、厚く御礼申し上げますと共に、右御願いまで申し上げます。

不一

美唄町沼之内　山崎喜久松

五月三十一日

伊東孝一殿

学生の根本が司会進行し、後藤が喜久松さんの手紙を朗読。姉妹は時折、涙を拭いながら耳を傾けている。

さらに、松男さんが戦死した状況を伝えると、喜久松さんが保管していた古いアルバムや書簡などを見せてくれる。その中には伊東大隊長からの手紙もあり、その存在と意味を知った兄妹は、押し頂いた後、中身を開いて見入っていた。同封されていた沖縄の土砂はなかったので、父がお墓へ納めているかもしれない、と推測する。

喜久松さんは厳しい父だったという。

「息子は慈愛に溢れる長の下で生き、祖国の勝利を信じて死んだのだから、けっして悲しみはしない」

返信には、自らに言い聞かせるようにしたためてあった。

その言のとおり、家族の前でいっさい涙は見せず、一九五二年に七〇年の生涯を閉じている。

戦没者の松男さんは、男三人、女五人の八人きょうだいの長男。弟妹によると、体力があり、剣道が得意だったそうだ。青年学校の放課後、毎日のように竹刀を振っている姿や、俵をかついで走る教練で他を引き離して優勝したことを覚えているという。

また勤勉で、冬の農閑期や農作業を終えた夕刻から、炭鉱夫を馬そりで送迎する副業に勤しんだ。そうして稼いだ金で、幼い弟妹たちに黒砂糖を土産に買ってきてくれた、と懐かしむ。

汽車に乗って松男さんが出征する時、政勝さんが雪のホームを走って追いかけた姿が忘れられない、と日出子さんは目頭を押さえた。優しい兄だったので帰ってきてほしかった、と弟妹は口を揃える。

「戦争は残酷なもの。二度と起こしてはいけないよ」

手紙を届けにきた学生たちを諭しながら、清子さんが抱きしめてくれた。

驚いたことに、山崎家から最初に出征したのは、「馬」だった。松男さんの片腕として農耕や副業に活躍した家族同然の家畜だったが、軍馬として真っ先に徴発されたという。アジア・太平洋戦争では、約五〇万頭の馬が中国大陸や南方へ送られ、そのほとんどが未帰還とされている。

山崎家の愛馬が戦地で果たした役割は、家族の誰もが知らない。が、将校や騎兵らが乗って戦ったのが乗馬、食料などの荷物を背につけて運ぶのは駄馬《だば》、大砲などの武器弾薬を引くのが輓馬《ばんば》とされており、おそらく荷役の仕事をしたのだろうと、政勝さんらは話す。

馬の徴発令状は青色の紙で、青紙と呼ばれていた。それが届いた時は、馬の背に日の丸を飾り、家族総出で盛大に見送ったという。その後、松男さんを徴兵する赤紙も届き、山崎家はかけがえのない家族である長男と農耕馬を、赤と青の紙切れ一枚で戦争に奪われた。

「敗戦によって思想的根拠を失い、長男を失い、言い表し得ぬ心情」

吉岡力 伍長（享年二四）
西原町小波津で戦死（四五年四月二七日）

敵闘するも甚大なる被害

四月二七日、二八日の戦闘において我が前線は、猛烈な集中砲火のためにかなり大きな損害が出ていた。それでも部下たちは、墓穴やタコツボなどの不十分な陣地に身を屈め、じっと耐えながら砲撃が止むのを待つ。

そして、敵の歩兵が進撃してくるために砲火が止んだ途端、身を起こして一斉に反撃するのだ。米軍はいったん後退するも、今度は迫撃砲や戦車で支援されて攻め込んできた。それも擲弾筒《てきだんとう》（擲弾や手榴弾の発射器）の連射や肉薄攻撃で撃退する。

こうした戦いを繰り返すうちに、我が大隊も敵兵も、ともに損害が増大していった。約一八〇名いた大山隊は死傷者が六割近くに及び、心は沈むばかりだ。ただし、大隊本部の曹長が確認したところ、米軍が二〇台ものトラックで死傷者を後送していたという。物量の差を考えると敢闘しているはずだ。

それを受けた師団長からは、「ヨクヤッタ、ガンバレ」と無電があり、我が大隊へ賞詞が与えられることになった。早速、各隊へ無線で知らせ、満洲から大切に持ってきたウイスキーを一口飲み、身近な部下にも勧める。

そして、副官に命じて、最前線の大山中隊長へ届けさせようと準備していた。

その矢先、大山から電文が届く。

「明日を最後と決心している」

胸が詰まった。

冷静な判断で的確に部下を指揮できる一方で、恐れを知らない戦いぶりで、戦場では自らが先陣をきる大山中隊長。陸士時代の後輩だった将官で、とくに気が合う部下である。

信頼する中隊長から寂しい言葉を聞くのは、こよなくつらい。夜が更けても、なかなか眠れなかった。そこへ、伝令に走った副官が戻ってきた。

「敵の懐近くにいた兵が奮戦し、〝今日の戦は勝った、勝った!〟と将兵らは張り切っています。そんな部下の勇姿をみた中隊長も元気を取り戻し、差し入れのウイスキーを〝美味い、うまい〟と飲んでいました」

だが、陣地はタコツボだけで、前の山から見下ろされており、持久は難しい、と副官が付け加える。

思えば、日夜、汗を流して構築した糸満の陣地を離れ、未知の小波津でタコツボにて戦う破目になるとは……。堅固な地下要塞はおろか、ろくな野戦陣地もないばかりに、むざむざと殺さずともよい部下を失ってしまう。

そんな状況を師団司令部へ伝える。

「飛行機も艦砲も戦車も兵は恐れず。極めて勇敢なり。然れども陣地の不備なるため、第二線の兵すらも毎日、一〇名あまり砲弾に死傷するを如何《いかん》ともなす能《あた》わず」

第一機関銃中隊の笹島繁勝兵長は、数々の死地を潜り抜けた兵《つわもの》だ。隊に迫る危機を何度も救った重機関銃の名手でもある。

墓穴を本部とした機関銃中隊。米軍と真正面から激突している第二中隊を支援するため、小さな墓口から重機関銃を発射していた。ただ、撃ちまくれば敵に目をつけられ、その一〇〇倍もの報復が返ってくる。ゆえに、連射はしないで慎重に狙いを定める。

ふと目を上げたとき、中城湾に展開する一隻の米艦船の大砲が、正面を向いて真ん丸になった。次の瞬間、耳をつんざく轟音と強烈な光で目が眩み、意識を失った。至近に砲弾が落下したのだ。

機関銃用の野戦陣地を構築できなかったゆえ、しっかりと身を隠せる場所がここにはない。しばらくして正気づくと、銃座から約一〇メートルは弾き飛ばされ、手元にあった機関銃も遠くに転がっている。着弾の衝撃は強烈だった。額に手をやると小石が突き刺さっているが、首や頭を触ってみてもなんともない。大きく息を吸い込んで、生きている実感を噛み締める。

その時、笹島の十数メートル先にふらふらと歩く兵の姿が。中隊の吉岡力伍長だ。駆け寄って抱きとめながら声を掛けるも反応はなく、真っ青な顔をしている。

「吉岡、しっかりせい、しっかりせい！」

身体に致命傷は見あたらないが、今の衝撃でやられたのだろう。

笹島と同期に入営した吉岡伍長は、力仕事よりも頭が切れた。体力自慢の笹島よりも出世は早かったが、満洲時代から苦楽をともにした一番の戦友だったという。岩陰に引き込んで介抱するが、何度揺すっても、呼びかけても、その端正な顔立ちに表情は蘇らない。

「バカッ！　なんで死んだんだ」

溢れ出そうになる涙を堪えながら、腕の中で息絶えた戦友を抱きしめた。

その瞬間、悲しさと寂しさ、死の恐怖が笹島の心に押し寄せてくる。

「よし！　貴様の分も俺がやる。仇は取ってやるからな」

口を衝いて出たのは弔いの言葉だけでなく、この過酷な戦場で自らを奮い立たせるための誓いでもあった。


二〇一七年の盛夏、北海道札幌市に住む吉岡力さんの妹・みどりさん（九二歳）は、一本の電話を受け取った。

「沖縄戦で亡くなった吉岡力さんのご遺族を探しています。心当たりはありませんか」

遺骨収集ボランティアを名乗る男性は、こう続ける。

「吉岡さんに関するお父様の手紙を預かっていて、それを返還したいのです」

みどりさんは思わず、声をあげた。

「吉岡力は、私の兄です。もう長い間、聞くことのなかった名前。なんて懐かしい話をしてくださるの……」

突然の知らせに、彼女の記憶は、一気に少女時代に遡っていった。

力さんは、吉岡家の長男として一九二一年に生をうけた。女子三人の後に、初めて生まれた男子ということで、一族が大喜びしたという。

四つ年下の自分にとっては、優しい兄だった。

「うまいもん、食わしてやるぞ」

泥だらけになって獲ったドジョウを天ぷらにしてくれたり、菓子やおもちゃを買ってくれたり。

幼い頃から慕い続けてきた。

時は四一、四二年頃。召集を目前にしたある日、力さんが両親の前にかしこまる。

「話がある」

ただならぬ気配に、みどりさんも並んで膝を正す。

おもむろに、力さんは床の畳に小さな白布を広げ、両親の前に押しやった。

「これを」

上には、きちんと折られた半紙の包みが二つ。

黙って腕組みする父の横顔をうかがいながら、母が手を伸ばして中を改める。

短髪を切り取った、ぱらぱらとしたひとつまみの髪の毛と、三日月のような爪が数個あった。

「ああ、こんなことまでしなくてはならないの。これは……」

まるで形見ではないか、と言いかけた母を制して父が立ち上がる。

「預かっておく」

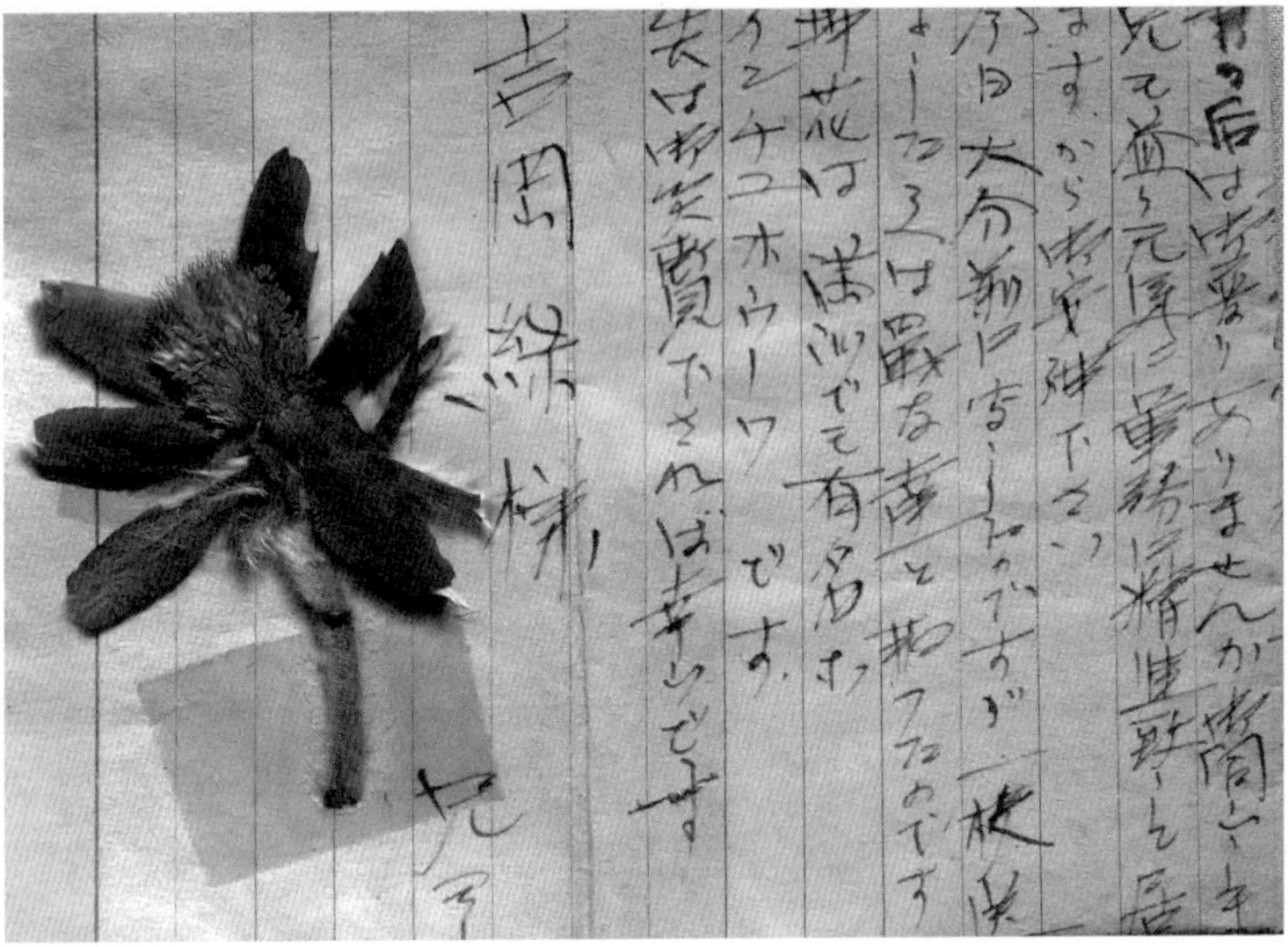

大好きな兄・力さんからの手紙に同封されていた押し花

低い声で言い放つと、足元の白布をぐるりと包んで、仏壇の引き出しにしまい込んだ。

兄は両の手を突いたまま、切れ長の目を見開き、瞬きもせずに父母を見上げて、微動だにしない。

（もしかしたら、今生の別れを覚悟しているの。兄さんはもう帰ってこないつもりかも……）

みどりさんは、不吉な気持ちが湧き上がるのを抑えきれなかった。

ほどなくして、東京の靖国神社で参拝などを済ませた後、北海道旭川市で入営した力さんは満洲へ渡る。筆まめで、家族によく便りをくれた。

みどりさんは、絵はがきや手紙を通して、兄の異国での軍隊生活を想像し、元気そうで変わらぬ様子に、胸を撫で下ろしていた。

ある日の封書は、とくに嬉しい便り。

当時流行った、李香蘭の歌謡曲「迎春花《インチュンホワ》」

に歌われた花の押し花が同封されていたのだ。日本では黄梅と呼ばれ、鮮やかな黄色い花びらの色が、寒さ厳しい満洲で春を待つ人々の心を沸き立たせるという。

妹に見せてやりたい、と手折って本の間に挟む、兄の器用な指先が見えるかのように感じた。花の香りもさることながら、兄のにおいや温もりが残っていないかと、みどりさんは、何度も押し花に顔を近づけ、時には頬を寄せてみる。

力さんが沖縄へ転進してからの様子がわからないまま迎えた、終戦。

四六年になると、復員してきた兵士から、兄が亡くなったこと、そして当時の模様を聞いた。その死にざまを見届けた同期の戦友・笹島繁勝さんが、戦没したのは四月二七日と教えてくれたという。

その時は、苦しまずに死ねたのがせめてもの救い、と自らに言い聞かせるしかなかった。

時は経ち、戦後五〇年の節目――。戦没者の五〇回忌のため、有志で慰霊の旅に出た。二四歳だった兄が、若き命を落とした小波津の丘を目指す。

自動車一台がやっと通れるほどのくねくねした道の先に、草生した高台があった。眼下には、亜熱帯・沖縄のむせ返るような深緑のジャングルと、中城湾の紺碧の海が遠望できる。

(たとえ戦争でも、優しかった兄さんが人を殺すなんて想像もできない。中の石ころがカラコロ鳴る白木の箱が帰って来た時、母さんは畑の中で泣き崩れたのよ。こんなものを届けて何が名誉の戦死だ、と言って……)

心の中で、兄に語りかけていたみどりさんだったが、気づけば大声で叫んでいた。

「兄さん、どこにいるのーっ。兄さーん」

ここまで、息つく間もなく思い出話を語ってくれたみどりさん。手紙はぜひ頂きたい、兄の話をもっと聞かせてほしいから来訪を心待ちにしています、と私たちに告げて電話を切った。

大好きな兄の形見となった押し花

実はこの後、思わぬ展開が待っていた。

哲二が、北海道警から予想もしない連絡を受けたのだ。聞けば、みどりさんの親族らが、振り込め詐欺ではないかと心配しているという。

私たちの活動の趣旨を説明すると、

「申し訳ないが、あなた方のことを調べました。地元紙や全国紙にも掲載されているし、身元もはっきりしている。私たちの口から大丈夫とは言えませんが、その旨は説明しておきますよ」

電話口の警察官も、どこか気の毒そうに話してくれた。

ほっと一息ついてみどりさんへ連絡すると、家族に諫められたのか元気もないし、詐欺の疑いもまだ完全には晴れていない様子。

そこで、旧知の遺族会「北海道沖縄会」の黒田練介会長が、間に入って説明してくださった。これにより疑念は晴れたのだが、終戦から七十数年。時の流れと時代の変化が、歴史を繙く作業を難しくしていることを改めて実感した。

父・吉岡西蔵《にしぞう》さんからの手紙（一九四六年六月一一日）

拝復
御貴書、正に拝誦仕りました。

御帰国後、御保養のいとまもあらせられず、種々、御多忙を極められ、心身を労せられるご様子が拝察致され、勿体なく存じ上げます。

戦、敗れて山河あり。

敗戦によって思想的根拠を失い、その上、長男を失い、言い表し得ぬ心情も、今は宗教的諦観を得て、家族一同あい助け、日本再建の為、増産の鍬をふるって居ります。

隊長殿には、まだまだ御若く有為の御身体、一層御自愛、御保養の上、今は数々の部下の力闘の真相をお伝え下されたく、遺族一員としての念願であります。

同封の砂、感深く受納仕りました。

種々の御配意の程、只々、感謝の至りに御座います。

陳者《のぶれば》、御通知の中に、愚息の戦死日時について、不審な点があります。

実は昨月、沖縄師団司令部通信隊付准尉、坪井藤平殿の来訪を受け、千葉復員連絡事務所にての調査の結果、昭和二十年五月二十七日との報を得たる次第です。現認書には四月とあり、いずれを信ずべきやと迷って居る次第です。御多忙中乍ら、再調査の上、御一報を相煩わしたく、伏して御願い申し上げます。

愚息の写真一葉、同封致します。

末尾ながら、くれぐれも御自愛下さいますように。

六月十一日

隊長殿机下

敬具

吉岡西蔵拝

手紙は、四人の学生メンバーと札幌市内のご自宅で返還。九二歳のみどりさんが、警察を巻き込んでしまったことを詫びながら、渋い色の和服姿で出迎えてくれる。

「物騒な昨今、用心するに越したことはないですよ」

平静を装って応えるも、ついぎこちなさが出てしまう。

が、そんなことはお構いなしに、七〇年以上も大切に保管していたという押し花をいそいそと見せてくださるみどりさん。屈託のない様子が、とても可愛らしい。

「兄さん、兄さん……」

返還した手紙に同封されていた兄の肖像写真をクルクルと撫でまわす。

つぶやきながら目頭を押さえたり頬を赤らめたりする姿は、あたかも少女時代に戻っているかのようだった。

【みどりさんの言葉】

伊東大隊長さま

長い期間、お手紙を保管して頂き、ありがとうございました。そして、兄が隊でお世話になったことに、感謝申し上げます。

戦死の報を聞いた時、父母を始め家族一同で泣きました。そんな大切な兄の想い出も七二年の歳月が過ぎたせいか、すっかり忘れかけていました。

ですが、学生さんたちが届けてくださったお手紙を読ませて頂いて、昨日のことのように想い起こされてきます。嬉しかったし、何よりも、懐かしかった。

大切な家族を簡単に失わせてしまうのが戦争ですね。もう、二度と起きてほしくない、起こしてほしくありません。孫や曾孫《ひまご》たちに、私のような思いはさせたくありませんから。

兄の想い出に満ちた、父のお手紙を届けてくださった学生さんたち。そして、あの世へ旅立つ前に素晴らしいメッセージを送ってくださった大隊長さまに、心よりの御礼を申し上げます。

末永い、ご健勝をお祈りしています。

「幸いにして勇は、喜んで戦死致せしものと存じます」

奥谷勇《おくやいさむ》　一等兵（生年月日は不明）
西原町小波津で戦死（四五年四月二九日）

敵戦車に飛び込む〝肉薄攻撃〟

四月二九日の天長節（天皇誕生日）の朝は雲一つない晴天だった。記念すべき祝日なのに、敵戦車の群れが無遠慮に大山隊の陣地へ迫ってくる。昨夜、その進路に地雷を埋めさせたが、なんの反応もない。友軍の砲撃が戦車周辺に集まり始めるが、我が物顔の前進は止まらない。

「大山隊、危うし！」

その時、連隊砲中隊の砲撃が右前方の戦車に命中した。

「しめた！」

思わず叫んでしまう。

照準が修正されたのか、これを機に次々と命中し、地雷に引っ掛かる車両も出て、戦車群の前進は阻止された。大山隊に配置してあった擲弾筒は昨夜までに半ば以上が破壊され、残りは五筒だけ。撃ち手の大部分も戦死しているので、対戦車火力が大きく劣っているのだ。

左手からも数台の戦車が現れた。そこに肉薄攻撃の部下が飛び込んでいく。五人が突っ込んだと見るや二人が退避、そこに壊れた戦車が二両、横たわっている。

しかし、五人とも帰還できなかった。随行歩兵か後続の戦車にやられたのだろう。敵側も我が軍の戦法を熟知してきているようだ。

第二中隊に所属した奥谷勇一等兵も、小波津での大激戦で命を落とした。天皇陛下の誕生日に戦死したのだ。

米軍が天長節に配慮する訳もないが、なぜかこの日は集中砲火がなく、歩兵の攻撃も手ぬるい。戦車を多量に投入して戦況の打開を試みたようだが、それも成功したように思えない。敵は我が大隊の陣前に破砕されたのだ。当方の損害は軽微で、周辺の戦場も平穏を取り戻し、誇らしい気持ちが湧いてくる。

その夕刻、命令を受けた。

「首里北方に転進せよ。二四〇〇（二四時、つまり翌〇《ゼロ》時のこと）を期し、任務を第八九連隊第一大隊に引き継ぐべし」

思えば小波津に進出してからの六日間、我が陣地は一寸たりとも敵の手に委ねなかった。緒戦は勝ち戦だろう。賞詞を戴いたし、大山隊も全滅はしていない。しかし、大隊の死傷者は二〇〇名に達している。損害が出るのは戦場の常とはいえ、戦死した部下を思えば心が重い。複雑な気持ちを抱きながら転進の途に就く。

手紙は、北海道に住む奥谷一等兵の甥・幸吉さん（八〇歳）と妻・アキ子さん（七四歳）に届けた。ただ、戦没した叔父のことはよくわからないという。

父・奥谷成一《せいいち》さんからの手紙（一九四六年六月一〇日）

拝啓

御手紙まさに拝受仕りました。

愚息勇儀に関し、いまだ戦死の公報にも接し申さず、生死不明にて、如何せしものかと心痛致して居りましたところ、此の度貴官よりの御親切なる報告に接し、有難く御礼申し上げます。

勇儀、生前は大変な御厚情に接し、また何かと御世話をかけ申せし事と存じます。本人に代わり、厚く御礼申し上げます。

終戦後、各島嶼にありし軍の上官が、兵に対し云々などの新聞記事を見、また復員軍人よりも耳にいたして居りましたところ、幸いにして勇は、貴官の如き人情ある人士を上官に戴き、日本の戦勝を確信致し、喜んで戦死致せしものと存じます。

貴官も、敗戦の汚名を受け、故郷に帰るのやむなきに至りし事は、実に残念、生きがいも無き事と、御心情を推察申し上げます。今後は、新日本建設の為に、貴官の如き人士を国家が要求致しておる折柄、何卒新日本建設の為に、御奮闘下されん事を御願い申し上げる次第にございます。

次に勇の写真の件、入隊後、一度も写真送付がありません。一葉差し上げたくは山々なれども、小生手元には子供当時の写真より無く、残念ながら、悪しからず御容赦の程、御願い申し上げます。

まずは、甚だ悪筆にて失礼ながら、書面をもって御礼申し上げます。

敬具

六月十日

勇父

奥谷成一

伊東孝一殿

「叔父は志願兵として出征したと聞いています。終戦後の暮らしが大変だったからなのか、父は戦争の話をあまりしませんでした」

それというのも、奥谷家は満洲からの引き揚げ者。幸吉さんによると、一九四〇年、旭川市にあった松岡木材に勤めていた父・政吉さん（勇さんの兄）の転勤で、一家は哈爾浜《ハルピン》に近い、ナンサーという街で暮らし始めた。

赴任直後は、父母、兄、幸吉さん、妹の五人家族。ナンサーは、中国の田舎町といった風情で、戦火も及ばず、平穏な日々が続いていた。間もなく次女と三女が生まれ、幸吉さんは中国人の子どもたちと路地裏などで遊ぶのが楽しかった、と懐かしむ。

が、戦局が悪化した四五年、父・政吉さんが現地で召集され、ここから奥谷家の暮らしは一変する。ヤルタでの連合国首脳会談の後、同年八月九日に旧ソ連が対日参戦し、幸吉さんが住む街にもソ連兵がやってきた。

おそらく略奪のためだろう、銃を持った兵士が家の中へ入ってきたが、貧しくて家財もほとんどない暮らしだ。母子が集まって隠れていたら、盗るものがない部屋の物色を諦めたのか、何もしないで兵士らは去り、危うく難を逃れる。一方、仲が良かった中国人たちは、掌を返すように冷淡になっていったそうだ。

日本の敗戦を目の当たりにした母・スエさんは、ひしひしと迫る危機を前に子どもたちを連れて帰国することを決意する。ナンサーから哈爾浜へ徒歩などで移動し、引き揚げ者の団体に加わって祖国を目指した。

当時、幸吉さんは六歳。三人の妹たちはそれぞれ五歳、三歳、一歳で、長女・房子さんは母・スエさんが、次女・美智子さんは兄・政和さんが、三女・幸子さんは幸吉さんがそれぞれ背負っての逃避行が始まった。

命からがら故郷への帰還を目指す集団にとって、幼子を連れた家族は足手まといにしかならない。六歳の少年が赤ちゃんを背負っていても、誰も手を差し伸べてくれなかった。風雨の中や炎天下を歩き通し、野宿を繰り返す。

食べものはなく、飲みものも枯渇する旅の途上、妹たちは衰弱し、伝染病や栄養失調で次々と亡くなった。自分の背中で事切れた妹・幸子さんの身体がたまらなく重かった、と幸吉さんは目尻を拭う。極限状態の中、その亡骸を路傍に残して来ざるを得なかった。さもなければ、集団から取り残された自分たちも野垂れ死ぬ運命となるからだ。

この後、屋根のない貨車に乗り、貨物船の船倉に詰め込まれながら、約二カ月かけて祖国の土を踏むことができた幸吉さん。伝染病にもかからず、一日に薄いおかゆ一杯で生きながらえた。

厚労省によるＤＮＡ鑑定の壁

手紙を返還した三年後、幸吉さんは叔父・勇さんの遺骨のＤＮＡ鑑定を申請する。二〇二一年一〇月に、国が「戦没者の遺骨のＤＮＡ鑑定における条件を緩和する」と打ち出したからだ。それまで、窓口の厚生労働省は、本人特定につながる決定的な遺留品がある場合や、埋葬記録などが残っている旧ソ連のシベリア抑留者、沖縄の一部地域を除いて、ほとんど鑑定を受け付けていなかった。その条件が取り払われたのだ。

叔父のことも気がかりだが、幸吉さんは、「道端に棄ててきた妹たちのことが忘れられません。もう無理だろうと諦めていますが……」と、唇を噛みながら下を向く。

もし遺骨が見つかるならばＤＮＡ鑑定をしてもらって、一致すれば引き取りたいと希望している。埋めてやることもできず置いて来ざるを得なかった妹たちを供養し、奥谷家の墓へ入れてやりたい――。

だが、中国本土では現在、日本人の遺骨収集が認められていない。新たに拡大したエリアにも含まれていないのだ。兵士が戦没したノモンハンやモンゴルなどでは行われてきたが、満洲に渡った開拓民らが帰国した経路にあたる地域は除外されている。

厚生労働省によると、中国で戦没した日本人は約四六万五七〇〇人で、満洲では約二四万五四〇〇人が犠牲になっている。その多くが民間人とされており、体験者らによると、遺体は引き揚げの途中に放置してきた例が多いという。

これまで満洲で収容された遺骨は約三万九三三〇柱で、今も二〇万柱以上が山野や路傍などに埋もれたままだ。中国本土で遺骨収集ができない理由を国は、「中国側の国民感情による」ものと説明しており、日中外交の不協和が八〇年近い年月を経ても、戦没者と遺族を苦しめている。

「叔父も妹たちも、生きて故郷に帰りたかったはず。でも、それは今も叶ってはいません。せめて、遺骨の一片でも戻ってきたら、供養をしてあげられるのに……。そうすれば奥谷家の〝戦争〟にも、区切りがつくのですが」

幸吉さんはため息を吐いた。

第三章　噛み合わない作戦指令

——首里近郊一四六高地の戦闘（一九四五年五月初旬）

「生キ残リテハ居ラヌカト、様子ノ有ルノヲ待ッテ居リマシタ」

横山貞男　一等兵（享年三四）
一四六高地で戦死（四五年五月一日）

一四六高地の奪還に挑む

敵の歩兵は、夜はほとんど攻撃して来ない。が、日本軍の夜襲を警戒したり、行動を妨害したりするために、ところかまわず砲弾を撃ち込んでくる。その弾下で、タコツボに入っている部下を集め、転進させるのは容易ではなかった。

四月三〇日、明け方近くに、予定していた首里平良町《たいらちょう》北側に到着。兵を小洞窟に分散させて、黎明の空を見上げる。ふと東北方一五〇〇メートルにある一四六高地に目を向けると、稜線の上を不格好な大きな奴が、のそりのそりと歩いている。ん？　あれは敵ではないか――。手前の西斜面にも見え隠れしていた。

傍らの他の部隊の兵に聞くと、昨日からあの高地は敵の手に落ちているという。本来の日本軍の防衛線よりも、米軍の占領地が突出しているのだ。これは、なんとしても奪還しなければならない。それも、敵の迎撃態勢が整わないうちに決行すべきだ、との勘が働いた。

「大隊は本夜、一四六高地を攻撃する。但し、攻撃前進の時期は暫《しば》し待て」

準備命令をただちに下す。第一中隊を主力と定め、大隊砲に攻撃支援をさせる。司令部からの攻撃の発令がないと己が権威を損なうが、事態は小事に拘っていられないほど逼迫していた。

それに、夜間攻撃にはじゅうぶんな準備が必要だ。成否はそれ如何にかかっている。師団司令部に状況報告したが、同高地は友軍が保持しているとの返答。あまりの呑気さに気を揉んでいると、実情が判明したのだろう、夜襲の命令が下った。配下の部隊の準備は完璧に整っている。

ところが、日が暮れても連隊本部の準備が一向に進まない。遅くとも、翌未明の午前一時までには進出を終え、明け方までに陣地などの確保工事をしなければならない。準備不足で夜が明けたら、猛烈な砲撃を喰らって、どれほどの損害が出るか計り知れないからだ。

そこへ連隊長から電話がかかってきた。

「師団から何か連絡があるようだ。出発を少し待て」

今にして思えば、これが五月四日の総攻撃の事前通達であったのかもしれない。内心イライラしていた。

「もう出発の時間です」

「待て」

「夜襲は中止になるのですか」

「いや」

「大隊砲の支援射撃のもと、午前〇時を期して突撃します。時間に誤差が生ずるのは困りますし、工事の時間がないと大損害が出る恐れもあります。もう待てません。出発します」

一方的に、問答を打ち切った。連隊長の機嫌を損ねただろう。

我らの目標は一四六高地の西斜面。米軍は夜襲を妨害するため、その近くに休みなく砲弾を注ぐ「弾幕地帯」を形成している。うっかり中に入れば、小さな隊など大打撃を受ける。

だが、弾幕地帯を通らないと進撃はできそうにない。ここは、強行突破あるのみ。大隊は午後一〇時、斉藤定蔵中尉が率いる第一中隊を先頭に出発し、第一機関銃中隊がその後に続いた。

最後尾の兵士が闇に消えた途端、「グアーン」と一弾が近くに落下した。一瞬、岩陰に身を避けたが、硝煙の消えぬ間に立ち上がった。

「副官、行くぞ」

言い放ち、歩き出す。

心は冷静だが、全身に闘志がみなぎってくるのを感じている。それを察したのか、副官の樫木直吉中尉が続く。

「大隊本部、前進」

その低く押し殺した声が、闇の中に重々しく伝わって、部隊は動き始めた。

右前方で敵の曳光弾が赤い尾を引いて高地斜面を走り、岩にあたって反転、火花を散らして空中に舞い上がる。すでに第一中隊が攻撃前進を開始している。大隊本部の前方にも、砲弾の雨が降り注いでいた。

敵の打ち上げた照明弾に黒く浮かび上がる一四六高地の山頂。そこへ部下たちが、まさに突入しようとしているのだ。が、人影一つだに見えず、静まり返っている。息を殺して、大隊砲の突撃支援射撃を今かいまかと待った。

突撃予定時刻の午前〇時。轟音とともに、山頂に黒煙が立ち昇る様子が照明弾の残光に浮かぶ。また一発、同じ所へ。見事な弾着である。黒煙の消えたあとは元の静けさに戻る。突撃中なのか、それとも躊躇しているのか、一分、二分と息詰まる緊張が続く。

突如、山頂の北斜面から、一筋の赤流星が暗闇の空へ尾を引くように揚がった。思わず大きな息を吐いた。赤い流星は、突撃成功を伝える信号弾の合図だ。この後、第一中隊の各小隊が敵を掃討、五月一日未明に一四六高地を奪還した。

しかし――。我が大隊と同時に、第八九連隊第二大隊が隣の一二〇高地を夜襲する予定だったものの、一向に攻撃している気配がない。連隊本部に問い合わせると、「占領した」との返答があった。連隊長はこの時、両大隊とも夜襲に成功した、と師団司令部に報告したという。

我が大隊が奪還した高地の防衛をするには、兵が足りない。これは危急の問題だ。第二中隊は小波津での引き継ぎが遅れ、未だ合流できていない。さらに第三中隊は、連隊の予備に取られてしまった。再奪還を狙う敵は猛攻を仕掛けてくるだろう。航空機の支援もなく、第一中隊、機関銃中隊、砲兵砲小隊だけでは心もとない態勢だ。

案の定、朝から敵は猛烈な砲撃を加えた後、戦車が前進してきた。大隊本部はもとより、第一中隊の部下たちも、爆雷を持って肉弾戦を演じている。そこに、第八九連隊が占領したはずの一二〇高地から、激しい銃撃が浴びせられる。

その間隙を縫って、沖縄出身の初年兵が敵戦車に飛び乗り、天蓋から手榴弾を投げ込もうとした。が、点火しない。退こうとした時、後続の戦車に撃たれた。そして、すぐ隣にいた准尉が敵情を見ようとタコツボから出た瞬間、狙撃兵の銃弾に心臓を撃ち貫かれた。次々と部下が戦死していく。無念極まりない。

小波津の配備を引き継いだ第二中隊が、大隊の戦っている一四六高地へ到着するや休む間もなく参戦。横山貞男一等兵も、敵味方が目の前で繰り広げている死闘に固唾をのんだ。

大山中隊長の指揮のもと、米軍の戦車に立ち向かう。地面に腹ばいになり、擲弾筒を構えて、一発、また一発と発射する。新たな重砲が現れたかと勘違いした戦車が、踵を返そうと転回した。

それを見た一二〇高地にいた敵兵が、にわかに参戦してきた第二中隊の横山一等兵らの姿を捉える。集中砲火が始まった。

父・栄市さんと妻・久子さんからの手紙の後に、島根地方世話部からの事務連絡がきている。これは、大隊長が送った手紙に同封されていた戦死現認証明書の日付に誤りがあったので、その手続き上の照会とみられる。

地方世話部とは、外地に出ていた日本軍の部隊に所属した軍人・軍属の生存、死亡、生死不明などを把握する留守業務を担う行政の窓口のことだ。一九四六年六月一五日以降は、復員庁が担当していた。これらの業務は現在、厚生労働省が引き継いでいる。

父・横山栄市さんからの手紙（一九四六年六月一〇日）

拝啓

陳者、入梅ノ候ニ相成リマシタ。御貴家一同様、壮健ニテ暮ラサレマスカ。私共ハ、老体壮健、日々農業致シテ居リマス。

先般、息子、貞男儀、戦死シ報知ヲ下サレ、驚キ入リマシタ。沖縄戦闘ニテハ、山部隊ハ大部分戦死シタ報、新聞ニテ見テハ居リシモノノ、ソレデモ生キ残リテハ居ラヌカト、様子ノ有ルノヲ待ッテ居リマシタ。

壮烈ナル戦死ヲ遂ゲタ趣キ、存命中ハ色々御世話ニ預カリシモノト、深ク御礼申シ上ゲマス。

妻、久子モ満洲新京ニ居リ、終戦後、通信不通ニテ報知スル事モ出来ズ、実ニ残念ニ御座イマス。御申シ越シノ写真ハ、後日送リ申シ上ゲマス。

日増シニ暑サ加ワリマス。御身御用心ナサレマスヨウ。

家内ヨリモ山々宜シク申シ述ベマス。

先《まず》ハ末筆ニテ御礼申シ上ゲマス。

六月十日

横山

伊東様

妻・横山久子さんからの手紙（一九四七年二月一六日）

拝啓　前略、御免ください。
陳者、昨年六月、貴殿よりの御親切なる御書面により、夫、横山貞男儀戦死について、現地確認証と共に御送付下さり、有難く厚く御礼申し上げます。
就いてはその当時、私は満洲にあって不在中にて、早速、父親、横山栄市を以って、島根県松江市地方世話部留守宅業務係へ出頭折衝し、政府よりの公報を待ち居れども、今もって何たる御通知もなく、その為、甚だ整理上、困却いたして居りますので、御多忙中恐縮でございますが、貴殿御認知の事情を、当局者へ御連絡の上、何分の御通知を下さるよう、重ねて御願い申し上げます。
先は御礼方々、御依頼申し上げます。　敬具
弐月十六日　島根県那珂郡跡市村
横山久子
伊東孝一殿
ナオ御手数ナガラ戦死ノ現認証明書、当方ヘ御送付御願イ申シ上ゲマス。返信用切手同封ニ付オ願イ致シマス。

島根地方世話部からのはがき（一九四七年二月一八日）

事務連絡　至急
事実証明書について照会。
昭和二十二年二月十八日　島根地方世話部第一課調査科　山口
伊東孝一殿
首題について左記の者、戦死せる事証明なりましたが、死亡年月日　昭和二十一年五月一日と記載しありますが、終戦後の戦死は何かの誤りと思料せられますが、この点について当部まで御回答お願い致します。
左記
本籍島根県那賀郡跡市村
一等兵　横山貞男

手紙は、島根県に暮らす戦没者の甥・保さんの妻・あけみさん（六四歳）、その次女・加奈子さん（三六歳）のほか、親族らが二〇人以上も集まるにぎやかな正月の宴の中で返還した。まず、学生メンバーの根本里美がその文面を朗読する。

貞男さんを記憶している家族はなく、わずかに居間へ飾られた遺影と位牌があるのみ。一堂に会した親類中の子どもたちがはしゃいで走り回っている。

大阪で小学校の教員をしている加奈子さんが、会ったことのない大伯父とその家族に興味を持ち、丹念に調べてくれていた。そして、先生らしく子どもたちを優しく諭し、学生たちが説明する貞男さんの戦歴を補足してくれる。

加奈子さんは、教え子たちへの平和教育にも力を入れているそうで、修学旅行などで訪ねた、沖縄の平和祈念公園内の「平和の礎《いしじ》」に刻まれた戦没者氏名を確認。島根県庁にも戸籍や兵歴などを照会し、貞男さんと久子さんには二人の男の子がいたことなどを探り当てていた。

それによると、満洲で暮らしていた久子さんは夫の戦死後、幼い息子たちの手を引いて帰還の旅に臨む。が、過酷な道中で、貞男さんの忘れ形見を二人とも失っていた。

加奈子さんの話を聞いて、親族全員が、貞男さんの遺影の横に並ぶ幼子の写真が誰なのかを初めて知ることになった。会ったこともない身内の戦没者とその家族に想いを馳せた若夫婦たちは、涙を拭い続けている。

この日は保さんの三回忌でもあり、各家庭の幼児から小学生までが一〇人ほど顔をそろえていた。子どもたちは、「戦争って、何?」と無邪気に問い掛けてきたが、加奈子さんの話を聞いた後は小さな手を合わせて、貞男さんらの冥福を祈っていた。

【貞男さんの遺族一同を代表し、加奈子さんの言葉】

七十余年間も手紙を大切に保管してくださって、ありがとうございました。旅行で訪ねた沖縄でしたが、そこが、どれほど過酷な戦場で、貞男さんがどんな思いで戦ったのか、想いを馳せることができました。遠かった戦没者の存在を、手紙を届けて頂いたことで、身近に感じることができたのです。今は、国のため、家族のために命を賭して戦った貞男さんの末裔であることを誇りに思います。が、戦禍により、夫と大切な息子を失った妻の久子さんの気の毒な身の上を考えると、戦争は絶対に起こしてはならないことだ、と確信しました。娘や息子、教え子たちに伝えてゆきたいです。

「それは空しき生命だったとあきらめる道しかありません」

中村石太郎 軍曹（享年二三五）
一四六高地で戦死（四五年五月四日）

「反転攻勢」の命への憂いと憤り

一四六高地で激戦を繰り広げている最中の五月二日夕、連隊より命令が下った。

「砲兵が四日黎明支援射撃を実施する。第一大隊は一二〇高地、前田東北高地を経て、棚原《たなばる》西北側高地へ向かい前進すべし」

なに！　この戦況下で攻勢だと！　腐れ参謀ども、いったい何を考えているのか――。そう叫び出したい衝動に駆られた。第三二連隊の主力は戦力の大部分を喪失し、我が大隊とて二度の戦闘でかなり損害を出している。

この命令に対して、思わず腕組みして考え込んでしまった。敵の上陸以降、この一カ月間はジリジリと押されて、主陣地を奪われ続けている。ゆえに、局面を打開して、態勢を好転させようと焦る司令部内に、攻勢論が強く台頭しているのだろう。各司令部は一二〇高地を米軍が占領していることを知らないらしい。連隊長の誤った報告の結果が、曖昧な命令につながっている。

そのうえ、この戦力で前田東北高地に寄道して奪取せよとは、何を血迷ったか……。軍、師団の各司令部の判断は歩兵戦力の実情を知ってのことか。「精兵いたずらに散華せり」との嘆きが、つぶやきとなって洩れ出てしまう。我ら北国の兵は臨機応変の才に欠けるが、命令はよく守る。名将が用いれば精強この上なく、凡将が用いれば役に立たず、と言われている。

仕方なく、三日夜のうちに一二〇高地を突破し、四日黎明の砲兵の支援射撃を利用して、棚原西北側高地へ突進。前田東北高地の攻撃はしない、と方針を決めた。

命令を下達する。

「大隊は一二〇高地西側を突破し、棚原西北高地へ突進する。攻撃開始は五月四日午前〇時とし、まず第三中隊を第一線とする。攻撃の進展に伴い、各歩兵中隊を先頭、右後方、左後方に配置し、重火器を内に包んだ三角隊形で進む」

これまで防御に徹していた日本軍が初めて見せる一大反攻——であるが、我が攻撃諸隊の戦力には不安があり、敵の熾烈な火力を考えると、陣地を捨てて丸裸で前進するようなものだ。山野を血に染めて壊滅するかもしれない。

しかし、万難を排して、棚原高地を目指して突進し、奪取するしかない。それが帝国軍人たる者の務めなのだ。工藤國雄中尉が指揮する第三中隊を第一線として、攻撃前進を開始した。

相変わらず、敵の夜間砲撃が激しい。第三中隊の小畠第一小隊長の下で分隊を指揮していた中村石太郎軍曹も、進撃を始めた途端、敵の火網をもろに浴びた。一四六高地を下りかけると、一二〇高地からの攻撃で足止めをくらうのだ。

軍曹が突撃を命じた部下たちが、稜線を下りかけた斜面で次々に倒れるのが照明弾の下に浮かび上がる。足元にはその屍が累々と横たわり、重傷に呻《うめ》く兵の姿も。

仕方なく敵が潜む高地へ擲弾筒を発射させるも、まったく手ごたえがない。闇夜に鉄砲の喩えどおりだ。

「このままでは、攻撃が頓挫する。ここは自らが先頭に立つ！」

局面の打開に向け、軍曹が敵前へ飛び出して行く。

「中村軍曹、戦死っ！」

中隊の指揮所に悲痛に叫ぶ声が届いた。小畠小隊長も帰ってこない。

「第一小隊は、この攻撃でほぼ全滅したようです」

戦況を報告する工藤中隊長が青ざめた顔で俯いた。

伊東大隊長から預かった三五六通の中で、私たちがどうしても返還したかった封書のひとつが、リンゴの産地として有名な青森県板柳町出身の戦没者の妻・中村いよさん（享年八九）が送った手紙だった。

まずは町役場に協力をお願いし、いよさんの息子・司さん（六七歳）の消息が判明した。連絡をくれるようお願いしたが、忙しいのか梨のつぶて。あるいは、手紙を受け取りたくないという意思表示なのかもしれない。

でも、この手紙はぜひ遺族に読んでほしい内容でもある。探し当てた住所を訪ね、直接聞いてみることにした。すると、司さんは、いよさんが戦後に再婚した石太郎さんの弟との間に生まれた子どもだとわかった。石太郎さんの子どもである異父の兄たちは首都圏に住んでいるらしい。

連絡先を教えてもらい、次男・興次さん（八一歳）と三男・興三郎さん（七九歳）に手紙の存在を知らせたところ、興次さん曰く、青森からは足が遠のいているので、筆者夫婦が東京を訪ねる予定があれば、その時に受け取りたいとのこと。たまたま、伊東大隊長に報告したいこともあり、東京都内の公民館で渡すことになった。

電話口での会話そのままに、とても明るく、快活な兄弟だ。時折挟むジョークが楽しくて、周囲を和ませてくれる。兄弟の奥さまや息子さん、親族の皆さんも駆けつけてくださった。


妻・中村いよさんからの手紙（一九四六年六月五日）

拝復　ご懇意なる貴簡、ことごとく拝誦仕りました。

承れば、主人石太郎儀には、昭和二十年五月四日軍総攻撃に於いて、首里北方の一四六高地に於いて戦死を遂げられし候、との事。誠に素っ気なき最期と思いました。

愁眉のしおれは綿々と続き、永久に主人は消え去りました。哀別の情緒はみだれ、万望一片の月に、万斛の涙を禁じえません。誘う嵐の至悲は、断腸の戦慄でなくて、何でしょうか。永く霜のおりた白日に、映し出される山川草木のような、なまぐさき沖縄戦の戦場をしのんで居ります。

承れば、主人の最期は壮烈なるものにして、その功績、その殊勲は至高なり、ということですが、それは空しき生命だったとあきらめる道しかありません。

且つて軍閥華やかなりし頃なれば、なんでこのような女々しき振る舞いをいたしましょう。祖国は今、涙ぐましき敗戦の荒野を彷徨している時です。弓矢八幡の誓いもかたく、征きし主人の天命は、誠に、儚きものであったと存じます。

人生は、過去を論じることは愚かであって、過去の功績殊勲は、必ずしも現在未来に及びません。

月にむら雲、花に風、此れはまさに世の宿命です。なれば斜陽落花の凋落を愁うのは、人の情です。危急存亡に際して、此れを応援せんと致すのは、当然の人情です。喚き叫ぶ、矢叫びの音は、夜毎の枕に通うものがあります。

かくすれば、かくなる事を思いつつ、自らを信じ、自らを重んじた英霊の、皇国の春によみがえる日を合掌して、涙ぐましい敗戦の荒野を、堅忍不撓を以って辿らんと欲して居ります。

平和を求め、干戈を止め、太平の無窮を望むのは、人の常なので、泰平を謳歌して誰かまた軍閥を省みる者があるでしょうか。

万死の一生こそ最大の歓喜にして、誰が拒むでしょうか。茅屋主人に於いても、未だその望み、消え失せません。溺れる者、一片の藁を握るのです。

かくなれば、当局の御方便を待っておりますので、何卒、御文通のほど、煩わしたく思います。付いては同封の戦死現認書は、連隊区司令部へ御届け致すものなのか、適切なる手続きは、いかなるものに御座いますのか、御教示の程、御願い申し上げます。

また、同封の沖縄の土砂、有難く拝納致しましたので、他事ながら御安心下さい。

省みれば、過般、同隊の一員、中山慶松様よりも、同一なる戦死の通知を承って参りましたので、かねてからの覚悟で御座いました。

終戦後の沖縄に、軍人多数の生存者が有ると承れば、今一度、影すらも求めたき願いが有りました。しかし、所詮還らぬ屍なれば、戦死の状況も知りたき思いです。斬り込み隊の一員すらも、生きながらえる事なきと信じ、然れども虜囚の身になって、生命を維持しているかもしれない、とも思って居りました。

後顧の憂いを絶って、屍を戦野にさらす事は、此れ軍人の覚悟の程ですが、悲壮極まる現今なれば、軍人の栄誉も、生こそ真の人生の目的たるものと化したでありましょう。

顧みれば誠に盲言拙筆となり、何卒御容赦の程、御放念下されたく存じます。

第一大隊長殿に於かれては、部隊長御戦死の後、色々と終戦後の事務連絡に御繁忙の事と拝察致して居ります。主人、石太郎儀も、色々と御世話様に相成ったと存じます。一葉の写真を御望みの由、付いては同封致しておきました。

祖国再建の為、大隊長殿の御精進を奉賀致します。流涕、沖縄を望みて太息する手は、最早書き続けられません。憂愁殷殷、堪えることができずに筆をおきます。

誠恐謹言

中村いよ　代筆

伊東孝一様

学生ボランティアの高木乃梨子が手渡したいよさんの手紙を、柔和な笑顔で受け取った二人の兄弟。中を開き、その内容を見るなり表情が一変した。時には見つめ合い、ささやきを交わしている。

「代筆と書いてあるけど、これは母さんの言葉だよ」

柔和な笑顔は消え、真剣な表情で文字を追う。その目からはボロボロと涙がこぼれ、顔はクシャクシャになっていく。

興次さんは、手紙に目を落としたまま、言葉を詰まらせた。

「父の記憶は声しかありません。兄と喧嘩していたら、やめなさい、と叱る声。それだけです」

たったひとつの父の思い出を語ると、突っ伏して号泣、後は言葉が続かない。

隣でうなずく興三郎さんも、涙を拭おうともしないで、兄に代わって語り続ける。

「兄貴は苦労したんだ。だから余計にこたえるんだよ……」

小作農家だった戦前の中村家では、石太郎さんを筆頭に三人の男兄弟が家計を支えていた。が、中国大陸での戦火が太平洋の島々へ広がるなか、全員を兵役に取られる。いよさんは三人の幼子と年老いた親を支えながら、一家の大黒柱の帰還を待ち望む日々を送る。

そこへ、伊東大隊長から、石太郎さん戦死の知らせが届く。いよさんは悲しみと落胆に打ちひしがれながらも、毅然とした言葉で返信したのだった。

その文面から、夫の死を受け入れ、その無念を押し殺そうとする強さが感じられる。一方で、捕虜になってでも生きていてほしかったという儚い願いも交錯している。そして、厳しい現実を受け入れざるを得ない、悲しい女心が揺れ動いていた。

そんな折、石太郎さんの末の弟・幸一郎さんが復員。いよさんは家を守るため、この一回り年下の弟と再婚する。が、終戦間もない時代、生活は困窮。石太郎さんの長男・準一さんが、風邪をこじらせ夭逝したのも、貧しさで医者にかかれなかったからだった。

そして、次男・興次さんは、家族を支えるため、満足に中学校へ通うこともできないまま地主の所へ五年間、奉公入りした。早春の頃、まだ凍り付いた田を人力で耕し、雪が降るまでの間は地面を這いずり回るように働いた。それでも給金は一銭ももらえていない。

ようやく年季が明けた時、よく辛抱したな、と地主が土地を少し譲ってくれた。父亡きあと、家族のために頑張っているという自負があった。それにもかかわらず、なぜかいよさんは興次さんにつらく当たったという。

「思い返せば、一番年上となった私にしか、母は気持ちをぶつけられなかったのかもしれません」

興次さんは振り返る。

「でも、それがつらくて……」

その時、目に留まったのが、「東京・世田谷の農場で牧夫募集」の新聞広告。親兄弟には何も告げずに、長靴履きのまま作業着を包んだ風呂敷を抱え、片道切符を手に家を飛び出した。

「とにかく貧しい田舎の暮らしから、抜け出したい一心でした。新しい父は、私と一〇歳前後しか年が離れていないのです。そのわだかまりや母への反発心にも、強く背中を押されました」

一九歳の春のことだった。

故郷を捨てた興次さんだが、いよさんと弟たちを忘れたわけではない。必死に働き、牧場主にも認められ、妻をめとり家族ができた。その間、実家への仕送りを欠かさず、自分が丁稚奉公して手に入れた土地へ、母や新しく生まれた弟たちが暮らせる家を建てることが叶ったそうだ。

「強く生きろ」と伝えてくれた母

涙ながらに自らの半生を語った興次さん。ふと、手紙返還に参加した大学生たちへ問いかけた。

「皆さんはお祭りが好きですか？　運動会は？」

にっこり笑って答える女子学生。

「大好きです」

笑顔で頷きながら、顔を見あわせた興次さんと興三郎さん。

「私ら兄弟は、青森名物のねぶた祭が大嫌いでした。同級生や下級生が両親と楽しそうにしているのを見たくなかったのです。運動会の弁当は、近くの畑に落ちている未成熟のリンゴ。校庭から抜け出し、捨てられている実をかじって昼ご飯にしていました」

二人とも、またクシャクシャの泣き顔になって、唇を震わせながら語った。そうしながらも、何度となくいよさんの手紙を読み返している。

「夫を愛する妻の想いと、戦時下の思想統制がぶつかり合って苦悩する、母の内心が伝わってきます。鬼のような厳しい態度で私たちに接したのは、父を失った兄弟に〝強く生きろ〟と伝えたかったのでしょう」

興次さんは文面から目を離さず、独り言のようにつぶやく。

「戦争で家族の絆が壊れそうになりましたが、父を忘れず、語り続けてくれた母の愛が、私たちをつなぎとめてくれました。それが、この手紙を読んでようやく理解できたのです。この齢になったから、わかるのかも知れませんね」

天を仰いだ後に私たちと目を合わせ、感極まった様子ながら微笑んでくれた。板柳町に何度も足を運び、探し続けた苦労が報われた瞬間だった。

興次さんは手紙を受け取った翌年、長らく帰っていなかった故郷・板柳町を訪ねた。両親の墓参りをするために。

「もう、青森に帰る気はなくて、首都圏に自宅と自分が入る墓を建てました。でも、この手紙に込められた母の想いを知り、声の記憶しかない父に無性に会いたくなったのです。うーん、何十年ぶりだろうか……」

墓前で手を合わせた後、亡き父母へ手向ける尺八を奏でた。

リンゴ畑の中にある墓地に、寂しげな音色が響き渡る。

興次さんは、優しく墓石を撫でながら語りかけた。

「また、来るからね」

「礎とは肩書きだけ、犬猫よりおとる有り様ではありませんか」

小早川秀雄　伍長（生年月日は不明）
那覇市首里近郊で戦死（四五年五月三～四日）

取り返しのつかない失敗

気乗りがしないまま前進を開始した途端、激しい銃声が聞こえてきた。敵が察知したらしい。擲弾筒の発射音も聞こえる。第三中隊が銃火を交えているのだ。隠密に接近しなければならないのに、こんな場所で敵と衝突しているとは……。

最初に意図していた一二〇高地西側を進むのではなく、最も敵側に察知されやすい一四六高地と連なる峰近くで交戦している。しかも、敵の火網に引っ掛かって、攻撃は進捗していない。バリバリ、ドカーンと敵の銃撃、砲撃が輪をかけて激しさを増した。振り返ると、閃光を放つ銃火や砲火に導かれるように配下の隊がどんどん前進してくる。とっさに見回しても、他に活路は見あたらない。狭い場所に大隊の全兵力が蝟集してきたのだ。

東の空も白み始めている。ぐずぐずしていると全滅だ。無念ではあるが、攻撃態勢を練り直そうと決断した。

「元の位置で防御配備につけ」

大声で指令する。

それにもかかわらず、

「退却！　退却っ！」

と、叫ぶ者が。

「退却ではない。元の位置につくのだ」

声を荒らげながら、否定する。

この攻撃にあたり、大きな失敗があったことに気づいていた。米軍が上陸する前に、第一、第二中隊の将校を集めて、夜間攻撃についての現地訓練を実施。その時に、夜襲は低いほうから高いほうへ向かうことが鉄則である、と教えていた。が、不運にも第三中隊は連隊から別の任務を与えられて、この訓練に参加していなかったのだ。それをすっかり忘れていたことが、同中隊に多数の死傷者を出す羽目になった。途中で気がつくも、遅きに失した。すべて私の落ち度である。ゆえに、隊の士気を下げないためにも、撤退ではなく「元の配置につけ」と指示したのだ。負け惜しみにも近いが、小波津の防御と一四六高地奪還で意気軒昂な部下たちを落胆させたくなかった。

稜線上に部下の屍を残したまま、大隊は昼間の防御態勢へ戻る。被害は甚大だった。

第一機関銃中隊の小早川秀雄伍長は、分隊の兵らとともに一二〇高地突破に臨んでいた。移動に手間取る重火器を運ぶ隊は、歩兵の各中隊が守ってくれている。というのも、日本軍の重機関銃は本体の重さが二八キログラム近くあり、三脚を入れると五五キログラムを超えていたからだ。

主力として使用している九二式重機関銃は四分隊に一挺ずつ配備されている。この重い銃を本体と三脚に分離し、馬で引けない場合は兵自らが担いで移動した。当然、銃弾や本体の交換の部品も人力で運んでいるのだ。

各歩兵中隊に配備されている軽機関銃よりも、安定性があって命中精度が高い重機関銃は、大隊の重火器でも重宝された。なかでも笹島兵長は、「機関銃の名手」と呼ばれていた。兵が褒められるのは、中隊の評価にもつながる。棚原高地奪還でも手柄を上げなくては、と小早川伍長たちは気持ちを高ぶらせていた。

その時、移動中の隊列に敵の砲弾が降り注いできた。重い機関銃を運ぶ同中隊は、他の歩兵に比べて機動性が低くなる。そんな小早川伍長の分隊の上にも、艦砲弾が落下してきた。

「伏せろ！」

誰かが叫んだ声は、着弾の大音響にかき消されていた。


手紙は、秀雄さんの甥の妻（七九歳）に返還した。終戦の翌年、八歳の時にサハリンから引き揚げてきた義姪は、秀雄さんについて「沖縄で戦死した叔父」ということしかわからないという。

自宅にあった過去帳などによると、秀雄さんは五人兄弟の末っ子で、一九歳で応召。義父や夫らが、「石狩川の船着き場から、汽船で出征してゆくのを見送った」と話していたことを覚えている。

父・小早川啓次郎さんからの手紙（一九四六年七月七日）

拝啓　一筆申し上げます。

先般は御手紙有り難うございました。御書面に依り、愚息秀雄事、戦死の報、承りしが、いまだに公報入らず。非常に行きなやんで居ります。如何の次第か御知らせ願いたく。

又、御貴殿の書面と同時に千葉の調査課より身上調査書が参り、御貴殿よりの通信有り等など書き入れ送付致せしが、業務（注：復員庁留守業務部）からも何の御報知なく、それに実は何よりの命日が不明にては、如何とも致し方の無く、はなはだ勝手がましき次第なれど、母様の命日が六月六日なので、願わくば同一日か、もしくは此の月の何日かにして御記入下されば、幸甚の至りと存じます。

留守業務の調査課へ、確実なる御報知相成りたく、特段の御配慮の方、御願い申したく取り急ぎ一筆申し上げし次第。速やかに御回答の方、御願い申し上げます。

尚、御貴殿の内報にて公報になるものか否やも、御知らせ下さる様。

御書面に依れば、恩典に関しては万全の努力を致される様、申して有りましたが、当村役場に於いて承れば、恩典どころか一時金、葬儀料すら出ぬ様申されますが、此れ等も如何なる事なのでありましょう。

生有る復員者は、衣服類は二年も三年も買わずに良いだけ有り、持ち帰られず手荷物で送り届け、お金は七、八円から千円余りも持って帰る復員者が有るにかえ、戦死者にはなんたる有り様なのでありましょう。

礎とは肩書きだけ、犬猫よりおとる有り様ではありませんか。村長も二言目には犬死にだとしか申されません。あんまりでは有りませんか。敗戦国の戦死者は、あわれむべき次第ですよ。非難の声、同志一様です。

御貴殿に申し上げても致し方なき事なれど、御書面に依り、いたく感じます所有り、あまりなしうちなぞ、村役場の言動になげかわしく思われ、つい涙をのんで、御貴殿に一筆申し上げる次第、悪しからず思し召し下さい。

先ずは乱筆にて、失礼ながら御免下さい。

草々不備

小早川啓次郎

伊東孝一殿

戦没者への補償や処遇などをあからさまに遺憾だと訴える、数少ない書簡である。

伊東大隊長に対して、ほとんどの遺族が感謝と労いを述べているが、大切な息子を失った怒りからか、啓次郎さんは「犬猫よりおとる有り様」とまで嘆いている。さらには、礎とは肩書きだけで、村長からは「犬死に」だと蔑まれたとし、敗戦国の戦死者は憐れむべきであり、非難の声も轟々だ、と憤っている。

こうした意見は終戦後、多くの遺族から噴き出していたようで、復員した兵士らはずいぶん肩身の狭い思いをした、との証言も聞いた。

「帝国軍人として、恥ずかしくないのか」

「どの面下げて帰ってきた」

「お前たちのせいで戦争に負けたのだ」

そんな風に詰め寄られ、石を投げつけられることさえあったそうだ。

沖縄では、生き残った学徒兵が従軍の体験を証言中、同じ学徒を亡くした遺族に壇上から突き落とされるという出来事があったという。その体験がトラウマとなり、しばらく人前で戦争の話ができなかったと、つらい胸中を吐露してくれる方もいた。

復員後、手紙を出しただけでなく、各地に点在する部下の葬儀へ参列し、戦地での働きを遺族へ伝え続けた伊東大隊長も、頭《こうべ》を垂れるばかりだ。

「ご遺族からの非難は、すべて謙虚に受け止め、謝罪するしかない。それが、あれだけの数の部下を死なせ、自らが生き残った者の宿命だから」

大切な息子が戦死したというのに、その代償となる遺族年金は雀の涙だった——。手紙を受け取ってくれた秀雄さんの義理の姪は、義祖父・啓次郎さんが嘆き続けていたことが忘れられないそうだ。その年金も、途中で受け取るのを拒否。「家族の死は金に換えられるものではないが、国による戦没者への償いが、こんなにも心がこもらないものなのか」と憤っていたのが気の毒だった、と目を伏せる。

帰り際に呼び止められ、仏壇の引き出しに仕舞い込まれていた、秀雄さんの日章旗を見せてもらった。中央部分へ、本人が出征する前に押した手形が残っており、それを取り囲むように兄弟や友人らの手による勇ましい寄せ書きがある。終戦後の父の嘆きとは程遠い激励やスローガンなどが、当時の世相を表すかのように記されていた。

「復員軍人を見るにつけても、もしやと胸を轟かせた」

太田宅次郎 上等兵（享年三四）
一四六高地で戦死（四五年五月三～四日）

攻撃中止を具申するも……

夜が明け始めても、敵機は相変わらず頭上を飛び回り、制空権も奪われたままだ。我が大隊もかなりの損害を出しているが、まだ六割ぐらいの戦力を維持できている。だが、ここで攻撃を再開して局所的な成功を収めても、これ以上の出血はけっして軍の将来に益するとは考えられない。自分は大隊長に過ぎない立場なので、ただの泣き言と捉えられるかもしれないが、兵法では、「指揮官は常に状況を判断しあるを要す」とされ、適切な状況判断も任務の基礎であると自覚している。そこで、連隊長に攻撃中止を具申したものの、同情的だが続行するよう命令された。

この動き始めた戦局では、一大隊長の意見など相手にされるまい。こうなったら今夜こそ、突進の遅れを取り戻し、全滅してでも棚原高地を奪取するのだ、と心に言い聞かせる。深い溜息を吐きながら腰を下ろすと、いつしか深い眠りに落ちていた。

二〇一七年の初冬。私たちは、太田宅次郎上等兵と同じ第一機関銃中隊に所属していた笹島繁勝元兵長（九六歳）に会うため、北海道浦河町を訪ねた。手紙を返還するのに必要な、戦没兵士の戦いざまや転居先が摑めない遺族についての情報を得たかった。

笹島さんは、年齢は自分よりも上だが遅れて入隊してきた太田さんの最期を、苦渋の表情で話してくれた。お互いが北海道の出身で、満洲での国境警備や訓練の時も、〝同じ釜の飯を食った〟大切な戦友だったという。生き残って復員できたほうが戦死した友の遺骨を遺族へ届けよう、との約束を交わしていたそうだ。

笹島さんが語ってくれた、一四六高地での戦闘を振り返る。

まもなく陸海空軍あげての総攻撃を行う――。

この命令に、笹島繁勝兵長ら第一機関銃中隊の兵士たちは、必勝の信念を抱いて前進していた。一四六高地と一二〇高地が連なる峰の岩かげに到着、そこで夜を明かす。

東の空が白んできた頃、岩かげから北のほうを覗くと、数十メートル先に米軍の大部隊が駐屯している。音を立てずに機関銃座へつこうとしたら、同じように敵を発見した同郷の戦友が、一足早くその機関銃を構える。

瞬間、直撃弾を受けて、銃もろとも粉々に飛び散った。その衝撃で吹き飛ばされたが向き直り、再度、配置につこうとする。中隊に配備されている機関銃はまだあるはずで、それを探そうと匍匐しながら後方に下がった。

日が昇ってからの敵の攻撃は間断なく、海からの艦砲だけでなく、陸からは戦車が至近距離で轟音を上げて砲撃してくる。まさに、雨あられの表現どおりに砲弾や銃弾が降り注ぐのだ。

中隊の戦友の伍長が両足に十数発の銃弾を受けて、痛みに耐えきれずに転げまわっている。笹島兵長は、悲痛な声を上げ続ける伍長を背負い、三〇〇メートルほど走って通行壕に飛び込んだ。よく敵弾が当たらなかったものだ、と肩で息をしていると、今度は太田宅次郎上等兵が、這いながら逃げ込んできた。銃弾が貫通し、足首が千切れかけている。ひと目見て、もう二度と自力では歩けないだろう、と思えるほどの重傷だった。

「笹島、頼む！　ひと思いに殺してくれッ！」

痛みに耐えきれず、太田上等兵が叫ぶ。

伍長も、うわ言のようにつぶやいている。

「殺してくれ、殺してくれ……」

二人の悲痛な声が敵兵に聞こえないだろうか、とヒヤヒヤする。

仮包帯でもできないかと、しゃがみこんで傷の具合を見ようとしたら、太田上等兵が笹島兵長の腰にぶら下げている手榴弾に手を伸ばしてきた。

「やめろ！」

とっさに手を振り払った。

「今、助けてやるからな」

慰めにもならない言葉を、つい口走ってしまう。

ここには医薬品もなければ、野戦病院へ連れていけるような戦況でもない。自らの命でさえ危うい、大激戦の真っ只中なのだ。

鬼気迫る二人の声が続き、思わず耳をふさぎたくなる。

「いっそのこと、楽にしてやろうか」

腰の拳銃にそっと手をやったが、激しくかぶりを振る。

（いや、そんなことはできない。二人とも北海道から満洲、そして沖縄まで一緒に来た同郷の仲間ではないか）

伍長の声は、どんどん小さくなっていく。ものすごい出血量だ。このまま放置して逃げ出そうか、との思いも脳裏によぎる。

（何を考えているのか。戦友は兄弟以上の存在、こんな場所に見捨てて行けるものか！）

その間も、敵の砲撃は止むばかりか、さらに激しくなる。

（配置につかなくては。今は総攻撃に向けての前進の時。立ち止まっている暇はないのだ）

逡巡するばかりで、どうしていいかわからなくなってくる。

「すまん、もう俺を苦しめないでくれ」

つい声が出てしまった。苦しいのは瀕死の重傷を負っている、戦友たちのほうなのに……。


ここまで話してくれた後、笹島さんは口をつぐんでしまった。目尻からは、涙がこぼれ落ちている。そして、厠に行ってくる、と立ち上がりしばらく戻ってこなかった。戦友たちをその後どうしたのか、これ以上は質問できなかった。

手紙は、太田宅次郎さんの子どもたちへ返還。長女・初枝さん（八二歳）、長男・孝次さん（八〇歳）、次女・千恵子さん（七六歳）が受け取ってくれた。この三人の子どもたちや配偶者らも同席している。


妻・太田梅野さんからの手紙（一九四六年五月二六日）

拝啓
御書面、有難く拝見申し上げます。

開戦以来、出征将兵の方々には、異郷の地にて、食うに食なく水と草とに貴い生命を授け、銃を枕の数々ならぬご苦労を、私達は映画に新聞にと何度か見聞致し、只々感謝感激の外はありません。

愚夫応召以来、老母と幼い子供を抱え、何としたらと案じられましたが、隣人の御情に依り、今日迄大過無く家庭を守り、ひたすら愚夫の武運長久を祈り申し上げておりました。すると、昨年三月末日、沖縄より電報為替に依り送金が有り、不思議だと思って居りました処、数日にて、沖縄作戦の発表が有りました。

夫の働きが走馬燈の如く目前に浮かび、勲功を家人と語り合って居りましたが、数日後、沖縄作戦に利有らずの報に、何かと案じて居りました。

八月十五日、終戦の報に接し、出征将兵の方々の奮闘も、私達の苦労も水泡に終わり、一同悔し涙を絞りました。

沖縄へ送った夫も、討死したのではないか、と案じられましたが、多数の復員軍人を見るにつけても、もしやと胸を轟かせた事が何度か有りました。之も女の未練とお笑い下さい。

沖縄より復員の方々を御尋ね致しましたが、確たる報が無く案じられ、一同心痛致して居りましたので、貴官よりの報に接し、安堵仕りました。

夫の生命は、もとより国家に捧げたものと覚悟致して居りましたが、今となっては、まったく残念に思われてなりません。

さぞかし夫は、何かと貴官はじめ戦友の方々の厄介に相成りました事と存じますが、一死報国の心に免じ、御容赦下されたく存じます。

水漬く屍草むす屍の例の如く、出征の折、残されましたる頭髪のみにて、心細く思って居りましたが、沖縄の土砂、御送付下されたので、永久の形見として保存し、記念と致します。

御貴官お望みの写真一葉、同封仕りましたので、ご受納下されたく思います。

尚今後も公私ともに、宜しく御願い申し上げます。

乱筆ながら、取り敢えず御返事まで。

草々

五月二十六日

太田梅野

伊東孝一殿

宅次郎さんの長女・初枝さんは高齢で記憶が曖昧になっているので、立ち会いは難しいかもしれない、と家族から聞いていた。だが、手紙の朗読を聞き、宅次郎さんの戦場での振る舞いを報告すると、はっとした様子で、一気に昔の記憶が戻った。

「あなたたちでは、お父さんのことはわからないでしょう。幼かったからね」

弟妹を遮って、父の思い出を話し始める。

初枝さんによると、鉄道の保線員をしていた宅次郎さんは、友人を集めて宴を開いたり、麻雀をしたりする社交的な父だったという。

「明るくて会話が好きで、楽しい人だったのよ。だから、鉄道関係者などに友人がたくさんいたわ」

懐かしむように笑顔で語る。

記憶が戻った初枝さんを見た家族たちは驚き、寄り添いながら涙をこぼしていた。

長男・孝次さんは、父がスキーに連れて行ってくれたことが忘れられない、と話す。手紙を書いた母は美人だったが、厳しかったという。父がいないことで後ろ指を差されるな、と叱咤激励してくれた、と振り返る。

次女・千恵子さんは、宅次郎さんの遺影を胸に抱いた。

「私はお父さんの記憶はないの。だからね、寂しくなると、こうして写真を抱きしめていたの」

初枝さんらによると戦後、父の戦友が訪ねてきて、宅次郎さんの最期を伝えてくれたことがあったという。怪我をして壕で亡くなったが、遺骨は持って帰れなかった、と。

この件についても、笹島さんへのインタビューで聞き及んでいた。

捕虜になった後、米兵に頼み込んで、一四六高地周辺の戦友の遺骨を探して歩き回ったとの証言。それは何人かの戦友たちと、「生きて帰れたら、互いの遺骨を家族へ届けよう」との約束を果たすためだった。

だが、大勢の日本兵がその近辺で戦死していたので、二人分はなんとか見つけたが、太田宅次郎さんの遺骨を探し出すことは難しかったそうだ。亡くなった場所が特定できたり、特徴的な装備を身に着けたりしていない限り、誰の遺骸なのかわからなくなっていたから……と残念そうに話す。

笹島さんは、宅次郎さんを助けられなかったこと、遺骨を遺族へ届けるという約束を果たせなかったことをずっと後悔していた。「死ぬまで忘れられないよ」と、唇を噛みしめながら。

第四章　死闘、また死闘

——棚原高地の奪還作戦（一九四五年五月五〜七日）

「軍人として死に場所を得た事、限りなき名誉と存じます」

今村勝　上等兵（享年二三）
西原町棚原で戦死（四五年五月五日）

敵中を突破し棚原高地へ到達

棚原高地への進撃の最中、小休止のため地面に腰を下ろすと、いつの間にか寝入っていた。目覚めたときの朝焼けが、いつもと違う色をしている。

副官に時刻を聞くと、午後四時だという。

「なに！　もう夕方か。そんなに眠ったたか」

頓興《とんきょう》な声が出た。

朝焼けだと思ったら夕焼けだったのだ。半日以上、眠り続けていたことになる。

今夜こそ、棚原高地へ突進せねばならない。各隊に意見の具申を求めたが、気に入る案はない。ただし、昨夜、自ら実施した敵情偵察と樫木副官、斬り込みの生還者である伍長の意見が似通っている。一二〇高地西側に敵の弱点がある。戦場での勘が働く三人の意見が、ほぼ一致したのだ。

そこで、左翼に降り注ぐ敵の弾幕を逆用し、右翼の敵を排除しながら、主力を挙げて一二〇高地西裾の一点を突破して、一気に棚原高地へ殺到することにした。下手をすると、両翼からの火力の挟み撃ちで潰える可能性もある。

思案の末、正面の幅はあえて狭くし、縦に長く隊列をとって攻撃することで、大隊のような小さな隊でも、火力優勢なる敵に対抗できると踏んだ。幸い、突進する正面の敵は手薄になっている。その敵への攻撃前進は、夜間、低きより高所に向かっての戦法なので、理にも適っていた。

今まさに、時良し、地形良しで、平素の研究を実戦で試す絶好の機会でもある。戦局を大きく左右するかもしれないこの突破に、軍人としての運命を賭けることにした。

第三中隊に代わって、最も信頼する第二中隊に第一線を命じる。

「棚原に行けばいいのでしょう」

第二中隊の大山中隊長が事もなげに言う。

「君だけではない。俺も一緒だぞ」

ニヤッと笑って応える。

豪胆なやりとりが、暗くなりがちな心をほぐしてくれた。

五月四日午後一〇時、大隊は前進を再開した。障害となる敵を排撃するための先鋒隊に続き、第二中隊、独立機関銃中隊、大隊本部などの順に散開して、一二〇高地西側斜面を匍匐前進で登ってゆく。

相変わらず敵の砲弾が降り注ぐ。すぐ近くで炸裂し、伝令などが一度に二〇名ほどやられる。今は負傷兵に目を向けている余裕はない。前進する大隊とすれすれの所を弾幕の嵐が吹きすさんでいるのだ。

と、一群の兵たちが、その嵐の中から飛び出してくる。なんと第一中隊であった。昼間はずっと一四六高地で米軍と激闘を重ね、そこを同師団の歩兵第二二連隊に引き継いだ後、大隊を猛追してきたのだ。何とも頼もしい。部下がこの意気ならば大丈夫だろうと心強かった。

照明弾の明滅を利用して、大隊は小さな波のように高低差がある一帯を前進する。右手から曳光弾がしきりに飛んでくる。狙われているのだろう。先鋒隊が闇の中に消えると、敵火は排除され沈黙する。これを繰り返しながら、米軍陣内に深く侵入していく。

かくして大隊は敵の防御線を突破し、一二〇高地の後方へ出た。右手には、敵砲兵が残した空薬莢が小山をなしている。我らの進撃を恐れ、東方へ退却したのだろう。夜明けまで、あと三時間。急がねば。大きな月が棚原高地の方角に昇っている。

「前進、前進！　あの月のほうへ進め」

疲れ切った兵や大山中隊長を激励しながら進撃する。

突破は成功しつつあった。月が煌々と照らす峰を、大隊の陣頭に立って、進みに進む。

やがて、大岩壁に到達した。暗がりに白く浮き出た岩塊の上に標高杭がある。目標の棚原高地は、まぎれもなくここだった。ついに到達したぞ！

十数日前までは、この高地で第六二師団が敵と対峙し、激しい砲撃を受けている。ゆえに、琉球石灰岩の地肌が露わとなり、わずかに残った樹木には一葉もなく、電信柱のように丸坊主となっている。

すさまじい光景の中、所属各隊の隊長らが集まってきた。皆、突破成功の感激と夜明けからの

棚原における戦闘

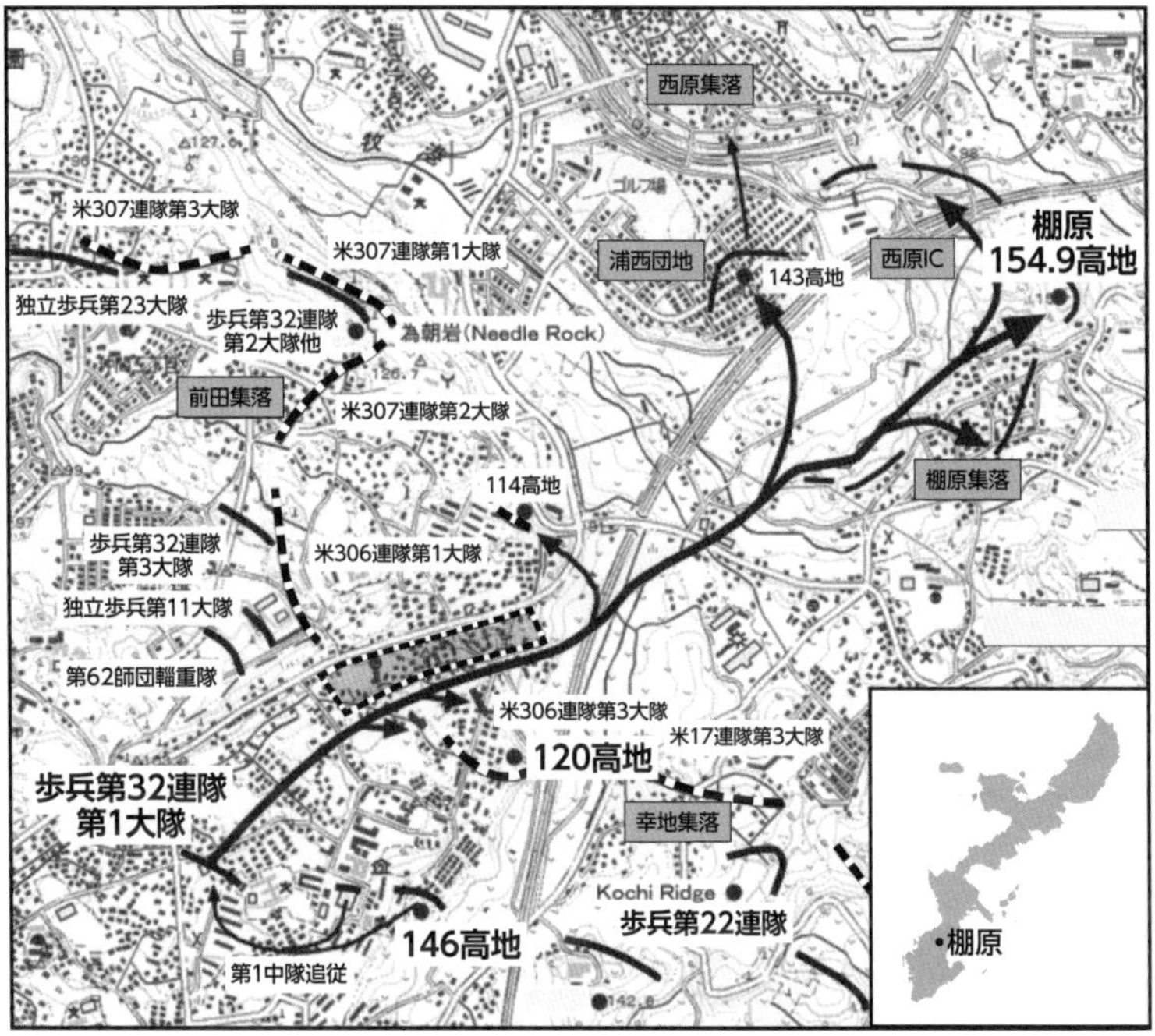

第 1 大隊は 120 高地の西側斜面から前進、米軍陣内に深く侵入して陣地の奪還に至った
資料提供：水ノ江拓治

激闘を覚悟して、顔を紅潮させている。いまだ明けきらぬ空に、突如、照明弾が打ち上げられた。敵が我らの進出に気づいたのだ。すぐさま、円陣防御の態勢をとる。友軍の攻撃がどうなっているかはわからないが、我が大隊が一番深く敵中に入っているとすれば、奪還のための激しい攻撃を受けることは必至だ。

倒しても、また倒しても押し寄せる敵兵

夜明けとともに米軍の猛攻が始まった。戦車を伴った歩兵が、迫撃砲を浴びせながら、四方から攻め込んでくる。一緒にタコツボに入る樫木副官や通信兵、主計中尉も銃を持って戦う。本部のすべての兵が最前線で敵を迎え撃っているのだ。

全般の戦況は――と周囲を見渡すと、前田高地への砲弾の雨が熾烈を極めている。そして、遠く西北の海上には大艦隊が浮遊しており、いずれ艦砲射撃を浴びせてくるだろう。他の部隊に遅れまいと突進したが、今や大隊は敵中で完全に孤立している。

正面の敵からは、擲弾機による手榴弾がひっきりなしに飛んできた。突撃こそしてこないが、タコツボから少し顔を出しただけで、狙撃の銃弾を見舞われる。さらに背後の山並みの切れ間からは戦車の砲撃。上空を乱舞する敵方の偵察機により、我らの布陣も筒抜けのようだ。

私自身も戦闘に巻き込まれ、戦術もへったくれもない。とにかく連隊本部に連絡が必要だ。右隣五メートルの窪地に、無線分隊がいる。狙撃の恐れがあるので、通信文に石を包んで投げ入れた。暗号手は昨夜、戦死したので、ナマ文（暗号化していない文章）で打電させる。

「我が大隊は本五日午前四時、棚原西北側一五四・九高地を占領せり」

すでに午前六時を過ぎていたが、激しい戦闘の最中ではこれが精一杯だった。が、昼頃になって、連隊本部から返電があった。

「暗号書の紛失の理由を知らせよ。爾後の進出はしばらく待て」

現在、敵と数十メートルで対峙し、手榴弾戦と狙撃戦を繰り広げながら、やっとの思いで打った電報だ。敵陣深くまで突入し、要衝を占領しているのは、今のところは我が大隊だけのはずであるのに細部を責められ、叱られているかのようだ。

とにかく今日一日――、今日一日さえ持ち堪えれば、と何度も自分に言い聞かせる。我が大隊が生き残る道は、友軍の進出を待つ以外にはない。そして、圧倒的な火力差を埋めるには夜襲しかないのだ。大隊の運命を今夜の友軍の進出に賭ける。

こうして大隊本部が苦闘と苦悩を重ねている時、第二中隊も棚原集落で激しい戦闘を繰り広げていた。米軍の半装軌車（車輪とキャタピラを併せ持つトラック）を奪いトーチカにして、通信線を切り、補給路も絶って、獅子奮迅を続けている。

今村勝上等兵も、大山中隊長の近くで、次々と押し寄せてくる米兵を迎え撃つ。まさに死闘だ。倒しても、また倒しても、敵は新たな歩兵や戦車を前面に押し立て、攻め込んでくる。

その時、目の前で銃弾を受けて倒れた部下を助けようと、大山中隊長がタコツボを飛び出した。

「いかん！」

今村上等兵は叫んでいた。

その声に重なるように、中隊長は狙撃手の放った銃弾を浴びて、膝をつく。

「中隊長殿！」

思わずタコツボから身を乗り出して助けに行こうとする今村上等兵。それを見た敵の狙撃兵が照準を合わせ、引き金を引いた……。

遺族へ手紙を返還するきっかけをつくってくれたのが、今村勝さんの長男・信春さん（七五歳）だ。世界自然遺産の知床半島に近い、北海道斜里町の遺族会に所属し、父が戦死した沖縄への慰霊の旅や、八月一五日に東京で実施される全国戦没者追悼式にも繰り返し出席している。

伊東大隊長から預かった三五六通のうち、「母が父のことを記した手紙ならば、コピーでもいいので欲しい」と最初に懇願した遺族で、その申し出を受けたことが返還の活動につながっているのだ。明るく快活な方で、北海道へ行くたび、大歓迎してくれる。メンバーの女子学生たちは何度も自宅へ泊めて頂き、とてもお世話になった。そんな信春さんだが、沖縄で戦没した父の話になると、ガラッと印象が変わる。

勝さんが出征するとき、母・ツルヨさん（享年九九）のお腹の中にいた信春さん。もちろん、父の顔は知らない。そして、終戦後、遺児となってからの暮らしは、赤貧洗うがごとく苦労の連続だったという。

斜里町で農業を営んでいた勝さんとツルヨさん。入植者が多い地域だったので、まず借金をして土地を購入し、小麦やジャガイモなどの栽培を始めた。当初は順調だったが一九四一年七月、勝さんに召集令状が届く。

前述したように、ツルヨさんは信春さんを妊娠中だった。臨月が近くなると農作業は続けられず、今村家の暮らしは戦地から届く勝さんの仕送りだけが頼りとなる。そして迎えた終戦。一家の大黒柱の復員を待ち望んでいた母子に届いたのは、勝さんの戦死公報だった。

終戦後の混乱期、母子家庭の暮らしは厳しく、父が購入した広大な土地を維持する労働力もない。しばらくすると、勝さんの弟・勇治さんが復員。生活苦にあえいでいたツルヨさんは、家を守るために夫の弟と再婚する。

しかし、鹿児島や横須賀など国内各地の軍の駐屯地を渡り歩いて体調を崩した勇治さんは、寝たり起きたりを繰り返す日々だった。働けないので収入はない。そのうえ、治療費も掛かったので、今村家の家計はさらなる火の車となっていく。

信春さんは、幼い頃から母や義父を手伝って農作業をしたが、暮らしは苦しくなるばかり。結局、土地は手放した。それでも借金の利息が膨らんで、当時の金で一〇〇万円近い負債があったという。

仕方なく高校進学を断念、農家の手伝いや砂糖を加工するビート（甜菜）工場で、朝の五時から深夜まで働き詰めだった。一年の内、休んだのは元日と数日だけだったという。

ただ、勉学への思いは断ち切れず、通信制の高校で学ぶことにする。が、借金返済のためにダブルワークを余儀なくされ、結局学業は諦めざるを得なかった。

今は、ひとつ年下の妻・富子さんとの二人暮らしで、時折、近くに住む孫も遊びにくる、にぎやかな家庭を築いている。そんな信春さんに母・ツルヨさんの手紙を返還した。

妻・今村ツルヨさんからの手紙（一九四六年六月二七日）

呈上
君のため国のため、一命を投げ捨てて鴻恩《こうおん》に報い奉るは、軍人として最も光栄ある道と存じ上げます。

思えば夫出征に際し、親しい親族方にはこれを秘した事とて、沖縄に行ってより便りが無く、常に決死をもって御奉公をと申して居りましたが、何分にも御奉公をなして、鴻恩の万分の一にでも、応え奉るべき事を、神仏に念じて居りました。

幸いにして軍人として死に場所を得た事、限りなき名誉と存じます。

妻として、これ以上の満足はございませんが、十分の働きもなく御奉公半ばに戦死仕りました事、これのみ心残りに御座います。しかるに忝くも、陸軍兵長に進級させて戴き、誠に有難く存じます。

この上は、一家一同夫の霊を慰むると共に、全力を尽くして国家再建に奮闘いたします。軍人の家族として、名を汚さぬよう致さねばならぬと誓って居ります。

いずれ葬儀のすみ次第、御礼申し上げますが、取り敢えず書中をもって御礼申し上げます。

今村ツルヨ

六月二十七日

伊東孝一様

二伸　尚、写真一枚同封致しました故、ご受納下されたく巻紙の和紙に揮毫された立派な書簡。そこには、夫の戦死を誉れとする、軍人の妻としての強い覚悟が綴られている。

しかし、信春さんによれば、

「そんなわけないですよ。毎晩のように、仏前で涙を流していたもの……」

ある日、新しい夫への気遣いから、勝さん所縁の遺品を処分したツルヨさん。それに気づいた信春さんが家中をくまなく探しても、出征前に切った遺髪や爪など、わずかなものしか残されていなかった。

「その時は母を責めました。私にとっては、血のつながった父の大切な遺品ですから」

伊東大隊長に、「母が書いた手紙をコピーでもいいので欲しい」と懇願した理由はここにあった。地元の遺族会の副会長を務め、沖縄に何度も足を運んで慰霊と調査を続けていたのも、父のことをもっと知りたいと思うがゆえの行動だったそうだ。

普段の会話は明るく楽しくて、いつもジョークを連発する信春さん。

「子や孫に囲まれて、今は幸せだよ」

が、戦争の話になると、そのたたずまいは一変する。

「父を奪い、母や私を辛苦の底に叩き込んだのです。あの憎き戦争さえなければ、ここまでの苦労はしなかったのに……」

「肉一切れも残さず飛び散ってしまったのですか」

倉田貫一 中尉(享年三八)
西原町棚原で戦死(四五年五月六日)

四面楚歌の戦い

赤い大きな夕陽が西の海に沈むまで、実に長く感じる。夜のとばりが下りて緊張から解放された途端、疲れがどっと出て、立ち上がる気力も失せてしまった。暗がりを利用して、各隊から戦況報告の伝令がくる。どの隊もかなりの損害を出しているようだ。

中でも、第二中隊の報告に全身の力が抜けてしまった。

「中隊長殿戦死、中隊残員二名、大滝小隊は昨夜、敵中に突入したまま行方不明」

大山が死んだ――。最も信頼する中隊長の大山が死んだ。気落ちした態度を見せては全般の士気に影響する。努めて冷静さを保とうとしたが、落胆を隠すことができなくなっていた。

この時、独立機関銃中隊を率いる倉田貫一中尉が連絡にきた。前後して、行方不明だった大滝少尉が、一九名に減った部下を引き連れて戻ってくる。この小隊を倉田中尉に預けることにした。

「大滝小隊を、どう使えばいいのでしょうか」

倉田中尉から、唐突な命令への疑問が出た。

「どうとでも君の思うようにやれ」

投げやりな答えを返すのみ。

それが、絶望的な状況を悟らせたのか、二人とも悲愴な面持ちになってしまった。

明ければ六日、再び東の空が白んでくる。状況に何の変化もなく、友軍進出の兆しもない。やはり駄目だったか。

これで大隊は、完全に敵の重囲下に孤立した。

「四面楚歌か……」

重苦しい実感が胸に迫ってくる。

そして、燃えるような南国の太陽が昇ると、敵の熾烈な砲撃が始まった。すぐ右前にいる有線の通信兵が頭部を撃たれて、一時間も呻き声を上げ続けている。

「ウウン、ウ、ウウ」

数メートルしか離れていないが、誰も助けに行くことができない。タコツボを出たら一巻の終わりだからだ。

そんな折、倉田中尉と配下の部下たちは右手数十メートルのところにある野戦陣地にこもり、頑強に抵抗を続けていた。擲弾機から発射された手榴弾が飛んでくると投げ返し、こちらからは重機関銃を敵兵に見舞っている。

この陣地は、第六二師団の兵士が構築し残していったもので、砲弾の破片や小銃弾ならば、防御の役割をじゅうぶんに果たしていた。ふたたび、野戦陣地に米軍の迫撃砲弾が降り注ぎ始める。昨日までは防ぐことができていた攻撃だ。

しかし、グスッと鈍い音と同時に、普通の砲弾ではない炸裂音と激しい衝撃が辺りを襲った。そのたびに土砂が天に吹き上がり、樹の枝のようなものが一緒に舞い上がっている。

「うん？　あの爆発の仕方は短延期砲弾か……」

巻き上がる砂煙でうす暗くなった空を見上げながら、つぶやいた。地面に潜り込んでから破裂する厄介な弾だ。

そして、目をこらすと、樹の枝に見えたのは部下たちの手であり、足であった。それが宙に舞い上がっているのだ。惨！　また惨――。倉田よ！　大滝よ！　どうか無事であってくれ……。

手紙は、倉田貫一中尉と琴さん（享年六四）の長男・紀《おさむ》さん（七六歳）へ返還した。

地元の遺族会の会長を務めたこともある紀さんは、ご当地で開催する平和学習などに熱心に取り組んでおり、沖縄で戦没した父のことならばなんでもいいから知りたい、と電話口でも熱く語ってくれた。

お届けしたいのは伊東大隊長から預かった手紙であり、それは倉田中尉の妻・琴さんが書いたものであると伝えると、あきらかに声のトーンが落ちた。本人を訪ねて事情を聞くと、その理由が納得できた。

琴さんは、終戦後に南方から復員した、貫一さんの弟と再婚していたのだ。父を尊敬し、誇りに思っていた紀さんは、そんな母を心の奥底で軽蔑し、不信感を募らせていたと声を震わせる。

沖縄で名誉の戦死を遂げた父のことを忘れ去ったかのような、母の冷たい振る舞い。とくに、遺骨が入っているとされた白木の箱が帰ってきた時、泣き崩れる祖母を前に、母は冷静な態度でまったく取り乱していないかのように見えた。わだかまりが澱のように心に溜まっていったという。

妻・倉田琴さんからの手紙（一九四七年一月二一日）

いまだ一度も、お目もじも致しませぬものが、はじめまして、失礼をかえりみず、一筆書かせていただきます。

私は、球五二四七部隊倉田隊、倉田貫一の家内であります。

昨年六月、高島惣吉様より、主人が戦死の由のお知らせいただきましたが、壮烈な死をされたとお知らせ下さっただけで、最期の事がはっきり致しません。再三、お聞き合わせ致しましたら、当時指揮に当たられた伊東大尉殿にお聞きになるようにと申されました。

それでも、何かお手紙でも頂けるかと、昨年中お待ち致しましたが、お便りもいただけませんでしたので、思い切って私の方からペンをとったわけでございます。

去る十一月八日に、世話部から公報を下さいましたが、戦死の時間も不明にて、本当に物足りない感じが致しました。

主人の死体の始末をして下さいました方は、どなた様ですか。もし、御存じでしたら、御住所とお名前をお知らせ下さい。

死に水ぐらいはのめましたか。

遺品など何もありませんでしたか。

迫撃の集中を浴びたとか。肉一切れも残さず飛び散ってしまったのですか。

恐ろしければ恐ろしく、悲惨なら悲惨、哀れなら哀れなりに、詳細にお知らせいただきとうございます。

ぼつぼつ遺骨も郷里に帰る時期が参ります。

せめて親類、知人、友人達に、哀れな最期の様子でもはっきり知っていただいて、涙でも流していただくのが亡き霊への供養かとも存じます。お手数をおかけして恐れ入りますが、私の胸中をご推察の上、胸のおさまりますよう、はっきりとお知らせ願いたく、したためたのでございます。

それからついでに、主人の部下で無事に生還された方々の住所とお名前もお知らせ下さいませ。

おかげ様で、三人の子供達も老母も私も健康で、悲しく淋しいながらも新年を迎えました。

私も軍人の妻で、覚悟して送り出した上は、生還なぞ思っても居ませんでしたが、働きも労苦も知らず、最期の時局も判明せずに死んだのかと思うと、本当に情けないと思います。

折に夢なぞ見て主人と語り合うと、まだどこかに生きて居るのではないかとも思い、主人の戦死を信じることができないような気持になります。葬儀のすんだ方が、ひょっこりと帰って来る世の中ですもの。

お手数ですみませんが、どうぞお知らせくださいませ。

乱筆にて御願いまで

かしこ
倉田 琴

伊東孝一様

妻・倉田琴さんからの手紙（一九四七年二月三日）

ご書面、有り難く拝見いたしました。

彼の地より御持参の尊い砂も確かにいただきました。

厚く御礼申し上げます。

日ごろの主人の性格から推して、決してお恥ずかしいような働きはしなかったとは思いますが、此の頃は世間によくあることで、葬儀がすっかりすんでから、無事に帰られる方があります。

村でも相当の地位にあり、下伊那谷《しもいなだに》の村を査閲官として歩きまわって教育していた主人が、葬儀が済んでから、のこのこ帰って参りましたでは、とても変なものでございます。

（私の身になりましては、不具になりましてでも、命さえ持って帰れたら、どんなに有難い

かわかりませんけれど）

倉田は確かに戦死したと、はっきりしたことがわかってから葬儀もしたいと思いますので、失礼もかえりみず、御伺いしたのです。

高島様から、倉田隊生存者のお名前を教えていただきましたから、この方にも、よく御聞き合わせも致してみましょう。

今後、何か変わった消息でもお聞きになりましたら、お手数でも、またどうぞお知らせ下さいませ。

とりあえず乱筆にて御礼まで。

かしこ
倉田　琴

伊東孝一様

妻・倉田琴さんからのはがき（一九四七年三月一七日）

早春の候となりました。

その後はお変わりはございませんか。昨日、主人が無言の帰還を致しました。幸い天候にも恵まれて多数の方々が出迎えて下さいました。

十九日、仏式により葬儀をいとなみます。
生前沖縄にて、色々とお世話様になりましたことを、改めて厚く感謝申し上げ、謹んでお知らせ申し上げます。

学生ボランティアの根本里美の朗読に耳を傾けながら、手紙の原本に目を落とし、母の書いた文字を追っていた紀さんの表情が変わった。目には涙が浮かんでいる。そして時折、唇を噛みしめながら頷き始めた。

貫一さんは棚原高地の激戦で、まさに全身が四散して戦没している。伊東大隊長も、その無惨な最期を家族にどう伝えるべきか悩んでいたという。一方で琴さんは、事前に聞き及んだ夫の最期の瞬間を確かめようと、死に水は、遺品は、と問いかけている。

さらには、遺体の始末をした相手や復員した部下への礼節にも気を配る。こうした内容を、夫の親類や友人らに報告するため、常人では耳をふさぎたくなるような悲惨な死にざまの詳細を探っていたのだ。

妻としての母の手紙に目を通した紀さんは、朗読を終えた学生がさらに伊東大隊長からのメッセージを読み上げた後、不自然に中座する。待っていると、目を真っ赤に腫らして戻ってきた。

「新しい夫への配慮と家を守るため、母はあえて父のことを忘れようとしていたのですね。その葛藤がどれほどであったか……。母の苦悩が、しみじみと伝わってきました。今さら後悔しても仕方ないけれど、この手紙が私を変えてくれそうです」

好きになれなかった義父、母への反感を考え直すきっかけを得られそうだ、と語る紀さん。胸のつかえが取れたような表情で、もう一度、文面に目を落とす。

「母がこんなにも父を想い、愛していたとは思いもしませんでした。この手紙がなければ、私は死ぬまで誤解したままだった。ありがとうございます。生きていてよかった」

私たちの努力や想いが報われる瞬間でもあった。

「もし可能ならば、伊東さんに面会できませんか。是非、お会いして父の話を聞き、お礼も申し述べたい」

紀さんが襟を正し、願い出る。

大隊長によると、手紙のやりとりがあった直後、琴さんが再婚することになる貫一さんの弟と訪ねてきたそうだ。今回、この手紙を受け取った紀さんが面会を望まれていると伝えると、小考の末、快諾してくれた。

同じ年の冬、もう一組の北海道の遺族と一緒に横浜にある伊東大隊長の自宅を訪ねた。大隊長は、その席でいきなり床に膝を折り、両手をつき頭を下げる。

「私は、皆様の大事な親御さんを戦死させた責任者のひとりです」

ポロポロと涙がこぼれた。

「太平洋戦争は無謀にして、実に愚かな戦争でした。にもかかわらず我が大隊の将兵の戦いぶりは実に傑出したもので、誇るに足ると確信しています。これが根底にあり、ご遺族に無駄死にでなかったことをお伝えするのが責務と感じていました」

一気に話し、さらに言葉を続ける。

「終戦とともに軍は解体させられ、国家として戦死を伝達する組織さえ失っていたのです。ご遺族を思えば、一刻も早く立派な戦死であったことを伝えるのが、指揮官であった私の責務。その思いがご遺族への手紙となりました」

今は白髪となった大隊長の渾身の謝罪に、誰も言葉を発する者はいない。

後に紀さんは、このように語った。

「母と義父が一緒に伊東元大隊長を訪ねていたことを、初めて知りました。今から思えば、よくぞ母の手紙を残してくれたものです。これがなければ、戦没した父と母の愛や想いを理解できませんでした。伊東さんには、心からの感謝を申し上げたい」

「新日本建設の基に、我が児の血により力強く染めた事と思い」

黒川勝雄　一等兵（享年二一）
西原町棚原で戦死（四五年五月六日）

重傷を負った戦友たちを残して

翌五月六日も、我々は棚原高地で死闘を続けていた。ここで最後の命令文が、無線手からタコツボに投げ込まれる。

「状況変化す。貴大隊は（石）ミネ北側に転進すべし」

ああ、総攻撃は失敗に終わったのか……。ここまで頑張ったのはなんだったのだろう。大隊は多くの将兵を失って撤退を余儀なくされるのだ。血涙を絞るとは、まさにこのようなことを言うのだろう。師団の各突進部隊は、四日黎明の攻撃に失敗して大損害を出し、五日の夕刻に攻勢の中止を決定した、と後で聞き及んだ。結局、我が大隊だけが棚原高地へ突進したかたちとなり、無意味な戦いを延々と繰り広げていたのだ。

それにしても、これだけの重包囲の中をどうやって撤退するのか。退却は下手をすれば敗走につながり、壊滅する危険もある。

ゆえに、退却にあらず、敵中を突破すると決めた。そして、いまだ戦い続けている各中小隊に伝令を出し、夜間の内に転進するための命令文を出すことにする。そこには、「突破」ということを強調し、最後に、「重傷者は自決できるように処置せよ」と書いた。

動けぬ重傷者を担架などで運ぶことができればいいが、最悪の場合は全滅する恐れもある。いや、この状況だと全員が生き残れない可能性のほうが高い。連れて行けぬとなれば残すしかない。では、残置された兵は、自決か、捕虜になるか。日本陸軍において、捕虜になることはタブーである。

ひとつ考えられるのは「殺してしまう」という選択。が、大切な部下を捕虜になる恐れがあるというだけで殺すことは断じて情が許さない。ここまで懸命に戦い、自力では動けないほどの重傷を負った勇者なのだ。

であるのに友軍に見棄てられ、敵中に取り残される。こんなつらいことはないだろう。結局は、本人がどちらを選択してもいいように、「自決できるように処置」という表現を命令文に使った。具体的には、各人に手榴弾を持たせることである。

とてつもなく苦しくて、つらい決断であった。

かたわらの狭い溝に、重傷の黒川勝雄一等兵が横たわっている。総員五十余名の大隊本部に所属する兵卒で、年も若く、一番の下っ端として、将校や古参兵にこき使われていた。が、どんな局面でも、皆の役に立ちたいと、汗を流して走り回る姿が好ましく、厳しい軍隊生活を続けてきた先輩たちにも可愛がられていた。

その黒川が腹をやられている。意識はあるものの、立って歩くことはままならない。敵が投げた手榴弾が転がってきて、身体が浮いた後は気を失った、と悔しそうに話す。くりくりとした目を見開き、大きな声で受け答えする一生懸命な姿が、齢の近い私の弟と重なる。他人とは思えない感情を抱いていた。

心を鬼にして、私が腰に着けていた二つの手榴弾のうちのひとつを外し、手に握らせる。

「大隊は今から転進する。もし敵が来たら、これで……、な」

黒川一等兵は無言であった。

「鉄帽でも石でもぶつければ、すぐに破裂するからなぁ」

沈黙に耐えかねて続けると、突如、堰を切ったように哀願の声が響く。

「いやだ、いやだ。連れていってください」

溝の底から甘えるように見上げる、幼さが残る顔は涙で濡れていた。

それ以上は何も言えず、顔を背けるしかなかった。

黒川一等兵と同郷の樫木副官が、代わって静かに諭す。皆と一緒にこれからも戦いたい、戦果を挙げて家族の待つ故郷へ帰るんだ、と訴えているようだ。そのやりとりを目にした戦友たちのすすり泣く声が、夜の静寂に漂った。

伊東大隊長への手紙を書いた父・善次郎さんは、北海道札幌市の大日本麦酒株式会社（現・サッポロビール株式会社）に勤務していた。五男七女の子宝に恵まれ、勝雄さんはその三男。生粋の

優しかった勝雄さんを偲んで泣き崩れる妹・弓座キヨ子さん

札幌っ子だ。

弟や妹たちの面倒見がよく、すでに出征した長兄に代わって食料の買い出しに行くなど、家族のために働く優しい兄だったという。ただ、正直者であるがゆえに要領が悪いところもあったのか、配給で苦労して手に入れた米を〝ヤミ米〟と間違われて、駅ですべて没収されてしまい、しょんぼりと帰ってきた姿は妹たちの語り草になっていた。

召集令状が届いてからは、意識して家族との思い出づくりに励んだという。

まだ海を見たことのなかった妹を、室蘭へ潮干狩りに連れて行った時のこと。

「楽しかったか、良かったなあ」

帰りの汽車の中で、何度も顔を覗き込んでは、自分のことのようにニコニコしている。

また、一張羅の背広に、友人から借りたロングコートでめかし込み、東京見物にも出かけた。まだ厳戒態勢にはなっていなかった帝都を闊歩したそうだ。

その時に、上野動物園で写したお気に入りの写真は、焼き増しして出征の際の荷物にそっと忍ばせている。後々、妹たちから、「これ、誰と行ったのよ?」と囃し立てられる一枚になった。

大激戦地であった棚原とは、どんな場所か。黒川一等兵の遺族へ手紙を返還する前に、現地を訪ねてみた。地元の方によると、この周辺で見つかった遺骨は戦後、西原町にある戦没者の慰霊塔に納められたらしい。そこも訪ねて、慰霊したかった。

ともに活動する学生たちと一緒に、西原の塔の前に立つ。手を合わせた後、ふと目を上げると、慰霊碑の前に小さな卒塔婆が置かれていた。近づいてみると、なんと「黒川勝雄」と墨書されているではないか。

家族か戦友がお参りしたのだろうと思い、写真を撮って関係者に見せた。が、誰ひとりとして、心当たりがないという。伊東大隊長にも聞いたが、悲しそうに首を傾げている。結局、誰が供えたのかわからないままとなった。

善次郎さんの手紙は、勝雄さんの四人の妹が受け取ってくれた。


父・黒川善次郎さんからの手紙（一九四六年七月一〇日）

拝啓
ご懇篤なる弔辞を頂戴致し有難く御礼申し上げます。

故勝雄儀、生前、何程か御世話様に相成り、御芳情深く感銘致しております。

故勝雄は、幼少より一通りに勝気にて、上官各位様には一方ならぬ御世話様に相成りました事と存じ上げます。

小生も、長男善一も樺太に召集と相成り、只今にても生死の程もいかがと思い居ります。

小生も一時は、老少不定とは承知致していますが、只々茫然と致して居りました。が、新日本建設の基に、我が児の血により力強く染めた事と思い、諦めて居ります。

部隊長殿には、御帰宅致し、公用私用とも多忙の事と存じ上げます。何卒、今後一層御健康に御自愛下さいまして、平和日本再建に御努力下さいます様、御祈り申し上げます。

さて、早速御送り致すべく居りました写真の事にて、勝雄儀入営直前、東京見学の時写せし写真にて、本人も大変気に入りし物にて、御送り致します。何卒御受け取り下さいます様。本人も喜びます事と存じます。

部隊長殿にも、時節柄御身大切に。来札の時は、何卒御一宿下されたく御願い申し上げます。

先ずは御礼方々御通知まで。

敬具

而して
勝雄儀戦死について、公報か何か、役所の方より何か通知有る事と思い待って居りますが、いまだ何も有りません。種々の手続き等いかが致しますれば良きか、勝手ながら御知らせ下さい。

父　黒川善次郎

号泣して、兄の名を連呼する高齢の妹たち。遺品として、戦友が戦地から持ち帰ってくれた飯《はん》盒《ごう》が届けられ、墓に納めてあるという。

妹のひとりが、出征前に兄が女性を母親に会わせに連れてきたことを覚えている、と話してくれた。無事に復員できたら結婚したい、という相談だったらしい。

もしかしたら、西原の塔へ卒塔婆を供えたのは、黒川勝雄さんを想い続けた婚約者ではなかったのか。東京・上野動物園へも一緒に行ったかもしれない女性。卒塔婆の存在が気になっていた学生たちは、涙を拭いながらも色めき立った。

「兄さんが生きて帰ってきていたら、あなたたちのようなかわいい孫に囲まれて、幸せだったでしょうね」

別れる間際に、四姉妹から声を掛けられた女子学生メンバーたち。帰りの車中、後部座席の端でさめざめと泣いていた高木乃梨子が静かにつぶやいた。

「動物園の写真と卒塔婆のギャップがつらすぎて……。私の愛する人には、絶対に戦争へ行ってほしくない」

「今は淋しく一人残され、自親もなく子供もなければ金もなく」

野勢勝蔵 上等兵（生年月日は不明）
一一四高地で戦死（四五年五月七日）

心優しき当番兵の死

終戦後も棚原に残した部下たちのことが頭から離れず、米軍側に「ここで捕虜になった者はいないか」と、確認した。五名いるという回答を得たが、いずれも伊東大隊所属の兵ではなかった。転進といっても、実質は敵中突破。負傷兵を連れていけば、部隊は全滅していただろう。とてつもなく胸が痛む決断だった。その時に置いてきた部下たちは、黒川一等兵を含めて五〇人ほどいたが、すべて忘れてはいない。可哀想なことをしてしまった。

こうして、突破のために大隊が窪地へ集結できたのは、午前〇時過ぎのこと。大山中隊長、倉田中隊長、第一機関銃中隊の岸中隊長も戦死した。大隊の損害は二百数十名に達し、残った兵力は三〇〇人ほどになっている。寂しさがひしひしと込み上げてくる。

が、そんな思いを断ち切って、第一中隊を先頭に敵中突破を開始した。沖縄の地理に詳しい上等兵を先頭に進む。突如、曳光弾がピュンピュンと飛んできた。その上等兵が指をやられ、小さな声を上げて伏せる。後続の全員も伏せた。

曳光弾は、右に左に一メートルも離れず着弾する。危険だ。狙い撃たれているのだ。先導する上等兵が、弾が右に飛んでくると左に転がり、左に来ると右側に転がって避ける。後続も同じように続く。

その時、すぐ後ろにいた部下がウーン、と呻いた。当番兵の野勢勝蔵上等兵の最期だった。当番兵とは、将校の炊事や洗濯など身の回りの世話係である。野勢は非常に責任感の強い実直な部下で、誠心誠意尽くしてくれた。

その最たるものが、今宵の晩餐だった。突破ともいえる転進に先立ち、出撃以来、一度も食膳に上がらなかった白米を炊いてくれたのだ。

「大隊長殿、炊き立てです。どうぞお召し上がりください」

甘い飯のにおいが鼻をくすぐる。

「これは、いったい……。どうしたのだ」

野勢上等兵は何も答えず、思いやりに溢れた顔で、まっすぐにこちらを見ている。

最前線にいる敵との距離は三〇メートルも離れていない。炊飯の煙を感づかれたら、そこに砲弾や銃弾が撃ち込まれたはずだ。そんな危険を冒してまで飯を炊いたのは、戦闘で疲弊した私の体を気遣うというよりも、今夜が我が大隊、いや、私の最期の夜になるかもしれない、と思ってのことだろう。

不覚にも、涙がこぼれる。

「ありがとう、ありがとう」

何度も繰り返しながら、箸をつけた。

だが、生きるか死ぬかの戦闘を指揮する重圧と、連日連夜続く激戦の消耗もあって、一口しか食べることができない。

「大変、美味かったよ。残りは俺が持っていく」

食べ残した中身を隠すように仕舞い込んだ。

野勢はおそらく即死だったのだろう。お互い声を掛け合うこともできない、極限の状態。あれだけ尽くしてくれた、心優しき当番兵の最期すら看取ってやれないのか……。血が滲むほど下唇を強く嚙んだ。


伊東大隊長は復員後、北海道の勝蔵さんの実家を訪れ、お悔やみの言葉を述べるとともに、妻のミサヲさんらに最期の様子を話したそうだ。

「ミサヲさんは、野勢のことが好きで好きでたまらなかったようだ。本当に気の毒なことをしてしまった」

当時を振り返って嘆く。

勝蔵さんが出征後、ミサヲさんは赤ちゃんを出産。待望の男の子だったが、一歳前後で夭逝、悔やんでも悔やみきれないと打ちひしがれていたという。心より愛していた夫との暮らしを戦争で奪われたミサヲさん。大隊長ともっと交流して、戦場での夫の姿をつぶさに知りたそうだった、と言う。

だが、事実をありのまま伝えるのも残酷で心苦しかったゆえ、葬儀の後は涙を呑んで多くを語らずにお別れしてきたそうだ。今でも、忠実で思いやりに溢れた当番兵と、彼を愛した奥さんのことを忘れることができない、と俯いた。


妻・野勢ミサヲさんからの手紙（一九四六年六月一四日）

拝復　御親切なる御芳書を賜り、有難く拝見致しました。御文面に接しますれば、此の度沖縄本島より、不思議に命ながらえて、懐かしの故郷に御復員遊ばされ、貴官の感慨無量はいうまでも無く、御一家の喜び御察しするに限りなき事と推察申し上げます。共に謹んで御喜び御祝いを申し上げます。

新聞でも、沖縄の戦闘は決して容易で無く、息詰まる様な明け暮れ、本当に日夜案ぜられました。生死は戦場の習いとはいえ、終戦後、沖縄にたくさん在留者が有ると聞き、書報を今日か明日かと、心おきなく待って居りました。が、副官より報が有り、二月二十日、驚きに至った次第で御座います。

過日は、夫の壮健なりし日、又は最期を遂げました事を、色々詳委に御手配下され、涙深く拝読を致しました。本島の砂も有難く頂戴致しました。

貴官も夫を御慕い下さる程に、どんなに御世話に相成りました事でしょう。

厚くあつく御礼申し上げます。

顧みるに百日余り。十六年七月出征以来、一度の面会もなく渡満なされ、その後は影膳を差し上げ、神に礼拝致し祈願を念じ、夜の目も眠れぬ心配に毎日過ごし、農業に追われ、御親妹様に嫁の務めは限り無く、来る日くる日を今日一日の務めとつかえ、兵士の妻なれば苦闘に戦う夫に続いて美点を発揮し、惨めな嘆かわしい事も幾度か。一度の出入りも無く、非業の底に嘆く時は、必ず明るい社会の一歩手前に辿り着いている時であろうと、一人心をムチウチ誓い、万全の構えをなし、常に積極的言動を確保致し、今に至って長期間の苦闘も夫の戦死に終局。

その甲斐なく今は淋しく一人残され、自親もなく子供もなければ金もなく、暗黒な遭過、並みの社会生活から、一人淋しく投げ出された様に、国を通じての敗国の惨めさ、路途に迷い気力を一時は失わんばかりでした。

ああ、いかに敗国とはいえ、兵士の妻として、御同者の方々より立派な御戦死を賜り、犬死とならぬ様、私の身の続く限りはどこまでも、御冥福をお祈り致す覚悟を誓いました。天は自ら助くるものを助くとか、又は至誠通天とも申します様に、人事を尽して天命を待つと言いますが、何事にしても、われわれは天命により支配され、神の試練と諦めて、世の嵐の中に強く正しく生きます。

悲しみ思う余り、取り留めのなき事を随分と書きました。筆不精の私、不筆文を御許し下さいまして、御判読を下さい。

御家内の御壮健お祈り申し上げますと共に、此の隊、部下の妻として、永久に御指導下さいます様、くれぐれもお願い申し上げます。

草々

六月十四日

野勢ミサヲ

伊東孝一様

手紙は、勝蔵さんの妹・オキクさん（九四歳）とその長男・邦三さん（六六歳）へ返還。オキクさんは、八人きょうだいの長兄・勝蔵さんのことが大好きだった。召集前に、ごちそうを持って祭りへ参加したことや、地区の運動会で買ってもらったバナナの味が忘れられない、と兄の想い出を語り続ける。大勢いたきょうだいの中でもとくに優しい兄で、どんな悪戯をしても、悪口を言っても、優しい笑顔で受け止めてくれた、と偲ぶ。自宅前にあった鉄路の駅から出征する姿を、今も忘れることはできない、と目から涙が溢れた。

手紙と写真が見つかったことをとても喜んでおり、「兄が帰ってきてくれたようだ」と、いつまでも写真を眺めている姿に、私たち夫婦や学生一同、胸が熱くなった。

一方で、夫も子も亡くし、頼れる親も金もない、と手紙で大隊長に伝えてきたミサヲさん。野勢家とも疎遠となり、その後、どうされたのかは誰も知らないという。

「とても心残りだ。幸せに暮らしていたらいいな……」

伊東大隊長は目を伏せた。

第五章　玉砕を覚悟

――首里司令部近郊の守備〜南部撤退（一九四五年五月中旬〜五月末）

「かねて覚悟と申しながら、何と申し述べることもできません」

高田鉄太郎 上等兵（生年月日は不明）
首里平良町で戦死（四五年五月一三日）

第二線のはずが敵と激突

敵中突破を続ける我が大隊。敵は、兵が移動する時に立てる、軍靴が草と擦れ合う音を頼りに撃ってくるようだ。そのうち曳光弾が音源の枯草に燃え移って、周囲を赤く照らし出す。これでますます前進が困難になった。時刻はすでに午前三時。ぐずぐずしていては夜が明けてしまう。

強行突破も止むを得ないと覚悟を決めた時、すぐ手前に半壊の一軒家があった。樹木に囲まれており、微妙な陰影ができている。一か八か、音もなく匍匐して、樹木を背にして陰影に溶け込むように立ち上がった。

そして、ゆっくりと敵前を歩く。掩護物が欲しいが、樹木の囲いに入れば、壊れた瓦などを踏んで音を立てるので、逆に危険だ。薄氷を踏む思いだが、暗闇に溶け込んだ大隊将兵たちは音もなく、敵の目前を次々と通り抜けていく。敵中突破は成功した。

棚原の戦闘で大打撃を受けた我が大隊は、第三中隊を一片の命令文で戦車連隊にもぎ取られ、第一中隊、機関銃中隊を基幹とした陣容になっている。そこへ新たに、第二大隊の主力から逸れてしまった五〇～六〇名と、輜重兵（兵站業務）連隊の四〇～五〇名が配属され、総勢二百数十名で、第二線の防衛を担うことになった。

首里の平良から経塚東側の間を守備している際、樫木副官と入っていた横穴の入口で敵の砲弾が破裂、破片が飛び込んできた。一片が頬に当たるが、平手打ちほどの軽い火傷で済んだ。副官は破片が首に喰い込んだが、頸動脈を外れている。運が良かった。

本来、ここの防衛の第一線は新たに配属されてきた独立歩兵第二九大隊が担うはずだった。が、兵士らの士気は低く、敵戦車の進撃に怯えて手をこまねいている。そのうちに戦況の不利を理由として、勝手に後方へ下がる始末だ。

それゆえ、第二線だった我が大隊が、敵とまともにぶつかる破目に陥った。第一機関銃中隊に所属していた高田鉄太郎上等兵の最期を見届けた者はいない。敵の不意打ちを受けて犠牲になったのかもしれない。

手紙は鉄太郎さんの弟・清春さん（九二歳）へ返還、朗読は学生ボランティアの根本里美が担当した。清春さんの長男の妻・香奈江さん（六四歳）が親類一同に声を掛け、鉄太郎さんの甥の子・秀勝さん（五九歳）と、姪の夫で元広尾町長だった泉耕治さん（八七歳）たちが同席してくれた。

父・高田清次郎さんからの手紙（一九四六年六月一二日）

拝復

昭和二十一年六月三日、日付の御手紙、拝受仕り、御礼申し上げます。

今日まで、一日として忘れぬ親の心に待ち居りました。かねて覚悟と申しながら、現状に何と申し述べることもできませんが、今後は仏事や供養をし、真の精神を安慰に祈念してゆきます。何卒なにとぞ、今後の御便り、御依頼申し上げます。

一、今後、役場より公報、その霊（注：遺骨と考えられる）が約《およそ》いつくるのか、御伺い申し上げます。

一、死の年月日の件。日、不明につき、御一報ください。煩わせますが、御願い申し上げます。

仰せにより、写真一葉、御送り申します。御受納下されたく。

御送付致していただいた砂を、遺品として永く守ります。

御手数ながら、さらに御一報を御依頼申し上げます。先ずは、御礼かたがた、御依頼まで。

恐惶謹言

高田清次郎

昭和二十一年六月十二日

伊東孝一様

書留料四十銭、同封

高田家は、富山県から北海道南部の幌泉村へ入植。先祖が切り拓いた土地で、果樹栽培などの農業を営んできた。現在は、沿岸で昆布漁をしている大家族だ。鉄太郎さんは九人兄弟の六男で、物静かで大人しい兄だったと、八男の清春さんは振り返る。

高田家からは、成人した七人の兄弟が出征。終戦後は、シベリアや九州、旭川などから次々と復員してきたが、沖縄で戦った鉄太郎さんだけが帰ってこられなかった。

帯広市の高等小学校で学び、卒業後は呉服屋に奉公して、その道で身を立てるために働いた鉄太郎さん。自らの店を出すために一生懸命に修業しながら、開業資金を貯めていたそうだ。

それを陰に陽に応援していたのは母・ツタさんだった。鉄太郎さんがコツコツと蓄えていた貯金を屋根裏に隠し、無事に帰って来る日を心待ちにしていた。

が、願いむなしく、戦死の公報が届く。失意のあまり、ツタさんは思いがけない行動に出る。

「息子が帰ってこないならば、こんな金はいらない」

怒りに任せて、札束をすべて囲炉裏にくべてしまったという。

一方、働き者だった父・清次郎さん（享年九六）は、頑固で厳格な昔気質の性格。鉄太郎さんの戦死を知っても、妻子や親類の前ではいっさい取り乱さず、黙々と仕事に励む明治生まれの男だった。

だが、遺骨が入っていたとされる白木の箱が届いた日の夜。皆が寝静まるのを待ってから、祭壇の前で箱を開け、中に入っている石を見て、声を殺しながら泣いている姿を家族が目撃している。そして、空が白むまで箱を抱きしめて離さなかったそうだ。

「もしや、ひょっこりと帰ってきてはくれまいか等と思われて」

鈴木良作　上等兵（享年三六）
沖縄本島中南部で戦死（四五年、日付は不明）

展望なき指令、消耗する兵員

この後、「首里石嶺南側へ撤退せよ」と命令が下った。総攻撃失敗の痛手で、軍は戦線の後退を余儀なくされているようだ。その夜、わずかばかりとなった部下たちの先頭を歩いていたら、艦砲の一弾が真後ろに落下、左の腰骨にドスンと衝撃を受ける。

そのまま歩けそうだったので石嶺へ到着後に患部を見たら、砲弾の破片が図嚢（地図などを入れる小型の鞄）の厚い革を突き抜けて、腰の革バンドのところで止まっていた。中の地図は焼け、揉みくちゃにされて綿のようになっているが、腰はなんともない。いまだ運は尽きていないようだ。

一息つく暇もなく、「第二二連隊が守備する一四〇高地、一五〇高地が占領された。第一大隊が本夜、奪還せよ」との連隊命令。高地への距離はさほどないが、地形がよくわからなければ、敵情もあきらかではない。日没までの時間がないので偵察も不可能だ。

繰り返しの愚痴になるが、夜襲は準備が肝心。であるのに、なぜもっと早めに伝えてこないのか。やり場のない憤懣をぐっと堪える。ここまでの戦闘で、大隊の将兵は二百名余りになっていた。

一四〇高地は第二二連隊が南斜面をかろうじて保持していた。そこで、第一機関銃中隊の隊長に任命した高井和平中尉に、同中隊の半数と臨時配属の兵を与えて、同高地の占領範囲の拡大を命じる。

そして、一五〇高地の奪還を第一中隊に命令。夜明け前に成し遂げて、報告電文を打たせた。

「大隊は一六日未明に一五〇高地頂上と西南部分を奪回せり。さらに戦果を拡張せんとす」

今や大隊はすべての将兵が第一線へ展開し、予備の兵力もなく、現陣地の保持さえおぼつかない。当然、戦線の拡張など不可能だ。だが、自分を励ますために、あえて強がりを言った。ふと一四〇高地を見ると、その前面に敵の一群が迫りつつある。

機を失せず、近くで配置につく第一機関銃中隊の笹島兵長の銃が火を噴く。斜面に取りつこうとする敵兵二〇~三〇名がバタバタと倒れた。そして、我が陣地がある一五〇高地へ上がろうとする敵も、一四〇高地の大場惣次郎軍曹の機関銃がなぎ倒す。

それでも敵は怯まない。翌一七日には両高地の間隙に戦車が現れ、激しい砲撃を加えてくる。すかさず擲弾筒の連続射撃で応戦。その一弾が敵戦車の天蓋の穴に飛び込んで爆発、炎上した。これに臆した後続の戦車が後退し始める。

しかし、圧倒的な兵員数と武力で前進してくる敵を食い止めるには、今の兵力では限界がある。

連隊本部から七〇名の増援を送ると連絡があったが、率いてくるはずの大隊本部の重田三郎主計中尉がまだ到着していない。もう兵員、武器弾薬ともに尽きる寸前だ。

その頃、鈴木良作上等兵は重田中尉と一緒に、武器弾薬だけでなく、医薬品や食料を担いで最前線へ急いでいた。こうした物資がないと、我が大隊が困窮するのは目に見えている。

この任務には第一大隊直属の兵だけでなく、新たに加わった他部隊の兵も同行していたので、いつものような息の合った行軍が難しい。夜間、敵の目を掻い潜って進むのだが、照明弾の明かりの中で立ち上がったり、不用意に音を立てたりする者もいる。

案の定、目的地の手前にある一三〇高地の山際で敵の狙撃兵に見つかり、集中砲火を受けた。重い物資を背負いながら、匍匐前進するが攻撃は止まず、その場に釘付けにされてしまう。

窪地に飛び込んでやりすごさないと、全滅の憂き目に遭う。激しい銃撃の中、一気に走り出した。後を追って来る戦友たちの呻き声や倒れる音が次々と聞こえる。

しかし、振り返る余裕はない。「あの先の溝まで走れば」と踏み出した瞬間、鈴木上等兵の右の太腿に何かがぶつかったような衝撃。倒れそうになるも、飛び込んだ溝は通行壕だった。

「大丈夫か！　鈴木」

息を切らした重田中尉がにじり寄る。

日頃から、「目が悪くなければペンよりも銃を執っていた」と苦笑いしながら、経理簿を繰っていた重田中尉。元教員で、知識と教養のある鈴木上等兵とはどこか心が通じ合ったのか、今回の物資を運ぶ重要な任務にも同行させたようだ。

真顔になった重田中尉が、鈴木上等兵の傷口に仮包帯を巻いて止血を試みる。銃弾が右大腿を貫通していた。

「うーん、いかんなぁ。傷口が大きい……」

「自分は大丈夫です。足手まといになるので、中尉殿は先を急いでください。でないと物資が間に合いません」

そこに、後続の将兵たちが数人、次々と壕に飛び込んできた。その数は当初の三分の一にも満たない。口々に大丈夫か！　と唱えながら、鈴木のもとに這い寄って行く。

「背嚢を外してやれ」

重田中尉が指示を出す。

戦友たちが物資を分散して、それぞれが代わりに担いだ。そして鈴木上等兵の手を握り、目を見つめながら声を掛ける。

「ここを動くなよ、必ず迎えに来るからな」

何度も振り返りながらも、闇の中へ消えていった。

明日はどうなるか誰にもわからないが、戦友を想う仲間意識に胸が熱くなる。鈴木上等兵も、「自分も早く本隊に合流しなければ」と歯を食いしばりながら、手足を動かして後を追う。

敵が放つ照明弾が目標の高地を浮かび上がらせる。真っ暗な丘へは、まだ距離がありそうだ。

それでも鈴木上等兵は、少しずつ前へ這い進んだ。

手紙は、戦没者・鈴木良作さんの妻・よねさん（享年九〇）が出した二通を返還。二人の子どもたちとその配偶者が受け取ってくれた。

立ち会ったのは、長男・和夫さん（八一歳）と妻・栄子さん、次女・美根子さん（七八歳）と夫・嘉雄さんの四人。所用で同席することができなかった長女の喜和子さんも含め、全員が元教員だった。

自らも小学校の教諭だったよねさんは夫の戦没後、その遺志を継いで子どもたち全員を教師として育てあげたという。

妻・鈴木よねさんからの手紙（一九四六年七月一三日）

前略

過日は主人、良作の件をお知らせくださり、ありがたく御礼を申し上げます。

夫はどうなったのであろうかと案じて居りましたが、戦死を現認して戴いたとお聞きし、心も幾分落ち着きを取り戻しました。その後は写真を飾り線香を手向けて、日夜、冥福をお祈りして居ります。

そのうち公報も、世話部より有ることと存じますが、戸籍上の手続きがどうなるのか等とも思い悩んでいます。

さて、この事に付いては、今春、樫木副官殿よりも親切なる通知がありました。その中には、夫は六月十五日頃までは生きて居りたるも、その後、不明なる旨の通知があり、今回の証明書には五月●（注：原文では空白）日とあり、いったいどうなったのであろうかと思って居る次第です。

　これ以外にも、本人が友人に宛てたる通知によれば、下士官に任官された如き趣きがありましたが、この点は間違いないのかどうかと思って居ります。

　今後はひたすら、主人の遺志を継ぎ、子女の育成に力を注ぐつもりです。この点、何卒御安心下さるよう御願い申し上げます。

　ここに、夫が生前に受けた御指導、御高恩に対し感謝申し上げると共に、その後、重ね重ねの御配慮を戴き、深く御礼申し上げます。

　御言葉に甘え、主人の写真を別紙に挟んで同封いたしました。御確認の上、御受け取り下さい。末筆ながら、貴官益々国のために御奮闘下さいますよう、御祈り申し上げます。

敬具

七月十三日

故兵長　良作

妻　鈴木よね

伊東孝一様

妻・鈴木よねさんからの手紙（一九四七年一月三〇日）

拝啓　自分は沖縄本島で戦死せる、鈴木良作の妻でございます。

先頃は御丁寧なるお便り、誠に有り難うございました。生前中は、何かと色々お世話様になりましたことを、厚くあつく御礼申し上げます。

私の家は、十二才の男の子と十才の女の子と、八才の女の子と私だけですので、毎日まいにち、何回となく主人のことを思い出さぬ日はありません。あのお便りを戴きましてからも、もしや、ひょっこりと帰ってきてはくれまいか等と思われて、なんだか死んだのだとは思われなくなっております……。

戦死現認証明書には、五月中戦死とありましたが、北海道札幌市の樫木直吉副官殿より戴きましたお便りには、二十年五月十八日夜、首里東北方一五〇高地で、敵に四囲より包囲され苦戦中、連隊本部より伝令として他の者と共に出発し、途中敵陣地にあたり、右大腿部に機関銃弾を受け負傷し、すぐに後方野戦病院に入院加療中。六月最後の決戦の為、島の南部に陣地占領の際、病院は解散となり、軽症者は各部隊に帰って戦闘したが、良作は部隊へ帰って来ませんでした。

戦友の話によると、六月十五日までは生存されていましたが、歩行も自由でなく、他の者と共に陣地を出たまま、その後ははっきりして居らない、とのくわしい便りを戴きましたのでございます。

六月十五日までは生きて居ったとの事ですし、現認証には五月中とありますが、何だかくい違って居りますので、何とか調べて戴けないでございましょうか。恐れ入りますが……。

どうしても、わからない様でございましたら、公報出して戴くのには、六月十五日戦死として戴きたいような気がしてなりませんのです。

はっきりと、六月十五日までは生きて居ったというのですから、出来ます様でございましたら、何卒おねがい致します。

又、満洲に居った友だちの話によると、伍長に任官したと便りをもらったっけがなあ……、等と言って居られましたが……、そうではなかったのでございましょうか。何だかこんなことお聞きするの、変でございますが、もしかしたらと思いまして……。

自分の思うまま、失礼なこともかえりみず、書きならべました。ごめん下さいませ。もしや、もしやとは、思われてなりませんが、こうなのではどうにもなりません故。何とかして、三人の子供と共に、強くつよく生きて行かねばならぬと、決心致して居ります。今後共、何分宜しくおねがい致します。

先ずは乱筆にて、お伺いまで申し上げます。

かしこ

一月三十日

鈴木よね

伊東孝一様

長男・和夫さんにとって出征前の父との思い出は、自転車の前に自分を、後ろに喜和子さんを乗せて走ったサイクリングだという。颯爽と風を切り、町の床屋さんに連れていってもらった。それが何よりも楽しかったという。

だが、次女の美根子さんに父の記憶はない。母や兄から聞いたのは、出征する時の様子だ。

「行ってくるぞ、行ってくるぞ！」

父は、幼子の重さを確かめるように、何度も高々と抱き上げ別れを惜しんでいたという。それを聞いても、記憶がないのが悔しい、と寂しげだ。

幼き兄妹の銃後の日課は、近所の八幡神社へお参りに行くこと。

「無事に帰ってきますように」

雪がたくさん降り積んだ時は、長い石段の上り下りが危ないので、和夫さんは妹たちを押しとどめた。

「あんちゃんが代表して拝んでくっから、な」

駆け上る兄の姿を、妹たちは下で見送った。

終戦後はラジオの「尋ね人」の時間に、よねさんが必ずスイッチを入れる。そして、ひとりも聞き漏らすまいと家族全員で、次々と読み上げられる名前にじっと耳を傾けたそうだ。母は口癖のように子どもたちに言った。

「父ちゃんが帰ってきたら、盛大に餅をついて祝おうね」

良作さんは餅が大好物だったのだ。夜風が、ガタンと玄関の扉を揺らす。

「あっ、帰ってきたぁ！」

兄妹は我先にと出迎えに走り、誰もいない暗い玄関で、毎回肩を落とした。

その後も諦めずに父の帰りを待ち続けたが、一九四七年三月、戦死公報と白木の箱が届く。それを開けたよねさんは、人目をはばからず声を上げて泣いた。

「父ちゃん……」

それからは時折、仏壇に向かって、つぶやいているよねさんの姿があった。父を想い続ける母の気持ちが痛いほど伝わってきたという。

「片足になってでも帰ってきてほしかった」

そんな鈴木家の母子には、とても大切な宝物がある。良作さんが満洲の密山《みつさん》や牡丹江《ぼたんこう》などから妻子へ送った二一三通の手紙や絵はがきだ。風呂敷にくるまれた手紙の束は、よねさんが戦後を生き抜く力になった。

母子それぞれに宛てたその内容は、銃後の家庭を守る妻・よねさんへの気遣い。幼い頃、体の弱かった次女・美根子さんへの心配。小学校に上がる前の長女・喜和子さんには、ランドセルや本を買ってあげるとの約束をしている。

そして、長男・和夫さんへの手紙。

「カズヲガ、ハジメテカイタテガミ、ウレシクテ、ナンベンモヨンダヨ。イツカ、カヘルトキハ、タクサンホウビヲカッテヤルゾ。マックロニナッテアソビ、マタ、ウントベンキョウセヨ。ヨルハ、ネビエシナイヨウニ、ハラマキセヨ」

子どもでも理解できるようなカタカナ表記で諭してあった。

ただ、当時の軍事郵便にはすべて検閲が入り、検印が押されたり、黒く消されていたりすることも。良作さんの便りにも、それが見られる。伊東大隊の将兵が満洲から家族へ送った写真にも、「密山憲兵隊」の検閲印がすべて押されてある。旧日本軍の機密保持の厳しさを改めて感じさせられた。

兄妹は今も大切に手紙を保管し、和夫さんが一部を抜粋して『ふるさとの妻や子へ』という本を出版している。

手紙の返還時、メンバーの学生たちが手紙を朗読しながら、良作さんの戦いの軌跡などを報告した。その折、和夫さんと美根子さんが、涙をこぼすまいと口を真一文字に結んで耳を傾けていた姿に胸打たれる。教職にあった身としては、孫のような世代の学生たちの前では涙を見せられなかったのかもしれない。

和夫さんは、父の最期がきちんと伝わっていないことが気に掛かるという。怪我をして後方へ移送されたと聞いたが、責任感の強い父の性格からして、無責任に逃げ出すようなことはなかったはずだ、と首を傾げる。

が、生き残りの兵士らの話では、「足を負傷した後、最後は這うようにして最前線に赴き、戦いの中で亡くなった」との目撃情報があった。それを聞いて和夫さんはホッとした様子で表情を緩めた。

「本音ではね、片足になってでも帰ってきてほしい、と祈っていましたが……」

「恥ずかしからぬ最期を遂げたる事を承り、父として何よりも安堵仕りました」

重田三郎 主計中尉（享年二三、推定）

糸満市真栄里で戦死（四五年六月一九日）

玉砕を覚悟した大苦戦

五月一八日未明に重田主計中尉が到着。

「援軍は？」

「後方部隊からの兵はほとんどが四散し、弾を潜り抜けられた直属の者だけです」

一三〇高地が敵の手にある限り、仕方なきこととはいえ、がっかりしてしまった。

この後も米軍の攻撃は激しくなり、機関銃中隊の連携や擲弾筒の連射も不可能となる。もはや個々の隊が壕の入り口で抵抗するしかなくなり、敵戦車隊が迫ってきた。それに乗じて歩兵が山頂に近づき、敵工兵が壕の爆破を始める。

大隊本部の左側の壕がつぶされて、部下が無惨にも圧死するのを見た。右手の壕も次々と爆破され、第一中隊の斉藤中尉が走り込んでくる。

「どうにも対抗できません」

どの現場でも泣き言ひとつ言わずに戦い抜いてきた中隊長の弱音に、絶望感が漂う。

ついに、敵戦車が大隊本部の壕にドスン、ドスンと砲弾を撃ち込み始める。アンテナが吹き飛ばされ、無線連絡ができなくなった。さらに容赦のない攻撃が続き、着弾した山頂付近の土砂や岩が降り注ぎ、壕の出入り口が完全にふさがれた。

この横穴は、広さが五坪ぐらいで、高さは一・五メートルほど。そこに本部要員が一五名ほど滞在しているので、蒸し暑さと息苦しさがじわじわと増してくる。出入り口近くに居た笹島兵長が、鉄兜を脱いで懸命に掘り始めた。

奥へ送ってくる土砂を均一にすると、狭い壕内の天井がどんどん低くなってくる。それでも埋もれてしまった出入り口は見えない。空気の流れは絶えて久しく、このままだと全員が窒息死するしかない。が、一向に出口は開かず、光明も見えてこない。

スコップ代わりの鉄兜がガチッと堅いものにぶつかる音。大岩だった。これで壕口がふさがっていたら万事休す――。

「諦めるな。大岩と壕口の間を上に向かって掘れ」

との私の指示に、部下たちは必死で掘り続ける。

すると、ガサッと一塊の土が崩れ落ちた。

「よし！　穴が開いたぞ」

先頭で掘っていた笹島兵長が叫ぶ。

「静かに！　敵がいる」

副官が注意を促すと同時に新鮮な空気が流れ込んできて、一同、生き返ったように心が沸き立つ。

握りこぶしほどの穴だったが、そこから灰色の空が見えた。その色からして、もう夕暮れが近いのだろう。もはや一五〇高地は完全に掌握され、敵に占領された。日没後、こっそりと穴を出ると、隣の壕から手だけを出して、部下が助けを求めている。

第一中隊の斉藤中隊長が、悲痛な面持ちで報告にきた。

「皆、やられてしまいました」

周辺の壕を見廻らせると、すべて爆破されていた。点呼をとると兵数は二五名で、小銃が十数挺、手榴弾が五〇発だけとなっている。

もう覚悟を決めるしかない。

「早朝を期して、最後の突撃をする」

副官と斉藤中隊長に伝えた。敵は山頂で、何かの工事を始めている。そのガリガリという音に乗じて、連隊本部へ無線連絡することにした。

ただ、我が軍の無線機は手動発電式で、ガアガアと音が出る。ゆえに一〇メートルほど下の窪みに天幕を張って、音と明かりが漏れないようにした。そこで、コトコトと鳴る電鍵に願いを込めて打電する。

「第一大隊の残存兵力二五名、速やかに援軍を頼む」

すると、奇跡的に通じた。

「夕待ちて撤退」

覚悟を決めた後だったので、この指令には全身の力が抜けてしまう。

そこかしこで友軍の兵が戦死しており、その近くの砲弾の穴には黄燐と血が混じった水が溜まっていた。部下たちはそこへ顔を突っ込んで、脇目もふらずに啜っている。思わず目を背けたくなる光景だ。

「どこで最期を迎えるか」

総攻撃が失敗したことで、残りの戦力が消耗し、軍は後退を余儀なくされているのだろう。

五月二九日昼頃、新たな命令が出された。

「島尻南部地区に転進し、敵を誘致撃滅する。連隊は津嘉山《つかざん》地区で収容部隊となり、第一大隊は津嘉山北側を占領すべし」

勇壮な言葉で表現されているが、どこで最期を迎えるかということだ。夜も明けきらぬなか、目的地へ着いたが、誰もが疲労困憊していた。私もアメーバ赤痢が悪化して、体力の限界を感じていたが、気力を奮い立たせて部下には悟らせまいとする。

新たに配属されてきた速射砲隊三〇名に加え、重田主計中尉に三〇名を与えて、正面の防御を任せた。すでに火砲はなく小銃だけとなり、経理を担う事務方まで駆り出さねばならないほど、兵員は枯渇している。

三一日に北方の稜線に現れた敵が、さらに勢いを増して進撃してきた。が、油断してか、不用意に平地を通過するところを、重田たちが率いる隊が猛射を浴びせて撃退する。すでに敗戦はあきらかだが、部下たちは勇敢に戦っていた。

重田中尉は、主計の職でありながら、歩兵部隊の先頭に立って戦う稀有な将校だ。目が悪かったがゆえに戦闘要員として配属されなかったが、あらゆる戦いの場で自らも銃を手に本職以上の働きをしている。

ただ、武器弾薬も枯渇し、兵員も少なき隊でどれだけの抵抗ができようか。そんな心が折れそうになる事態でも、先陣で指揮を執ろうとする中尉の責任感の強さと意気込みに感服した。ここまで戦える経理職の兵士とは、そうそう出会えないだろう。

だが、戦場は無情だ。部下よりも前に出て銃を構えていた中尉の近くで砲弾が破裂、その破片が降り注いだ。後送される担架に駆け寄ると、苦渋の表情で詫びてきた。

「大隊長殿、お役に立てなくて申し訳ありません」

「何を言うか。よく戦ってくれたぞ、あとは任せろ！」


負傷した重田主計中尉は、師団の野戦病院を経て、糸満市真栄里《まえざと》の連隊本部へ移送される。そこで本部の主計大尉らに看取られ、最期を迎えたそうだ。津嘉山の陣地で見送ったのが、伊東大隊長との今生の別れとなった。

手紙は、戦没者の甥夫妻に届けた。

父・重田末太郎さんからの手紙（一九四六年六月三日）

拝復　六月一日附御書面、有難く拝誦仕りました。

予而《かねて》、沖縄戦終了の報に依り、倅《せがれ》三郎の戦死は覚悟の上ながら、部隊ほとんど玉砕の為、戦死の模様も判明せず、果して如何なる最期なりしや、万一にも、おくれを取る事なきやと、唯それのみを案じて居りましたところ、此の度の御芳書により、倅最期の模様、詳細を手に取る如く御知らせ下され、三郎も軍人として恥ずかしからぬ最期を遂げたる事を承り、父として何よりも安堵仕りました。

本人出発の際、決して犬死はせざる故心配せざる様、また戦死の報到らば、必ず涙を見せる事なく、自分の死所を得たる事を祝福してくれる様、申し残して居りましたので、最期の際に、おくれを取る事は、よもやあらじとは存じて居りましたが、尚万に一を慮《おもんぱか》り、案じ居りたる父の心中、何卒御拝察下されたく存じます。

御送附賜りました現地の砂、御厚志の程、深く御礼申し上げます。

昨年六月迄、岡山市に居住して居りましたが、罹災のため、現在は表記の住所に転居いたして居りますので、今後共、何卒宜しく御願い申し上げます。

倅生前の御懇篤なる御指導と御交誼とを、茲《ここ》に厚く御礼申し上げます。

尚、写真一葉、同封いたしておきましたので、御受納下されたく存じます。

先ずは右、とりあえず御礼申し述べたく、斯くの如しで御座います。

敬具

六月三日

伊東孝一様

重田三郎 父　重田末太郎 拝

祖父母が仏壇や押し入れに残した資料のなかに、伊東大隊長が出した手紙の原本があった。
「改めて見直してみると、祖父母が叔父を想い続けていたことが痛いほどわかる。機会があれば沖縄を訪ねて、戦死地などに花を手向けたい」

私たちが届けた手紙も、それらの資料とともに大切に保管すると話していた。

重田中尉の兄は東大を卒業後、ドイツが開発した秘密兵器「V2ロケット」の図面をもとに国産ロケットを開発する研究を長野県の志賀高原で行っていた、と甥は話す。さらに、図面や資料はUボートで運ばれたと聞いているそうで、それが事実だとすれば、戦時下日本軍が試みていた兵器開発の動向がうかがい知れる貴重な証言である。

第六章　最後の防衛線

——糸満・国吉台の戦闘（一九四五年六月中旬）

「本当は後を追いたい心で一杯なのでございます」

松倉秀郎《ひでろう》 上等兵（享年三五、推定）
糸満市国吉で戦死（四五年六月一六〜一七日）

国吉台地での「最後の戦い」

津嘉山からの撤退の直前、戦車連隊に配属されていた第三中隊が復帰してきた。満身創痍で兵数も相当減らしている。こうした生き残りの将兵ら約一二〇人を従えて、予定の退路をとる。すべての友軍が撤退して荒れ果てた山野を進むのは、無人の境を行くようでもあった。砲声も閑散となり、かえって寂しさを掻き立てる。

ほのぼのと空が白むにつれて、眼前に浮かんできたのが、出陣前に露営していた糸満の集落だ。待機している賄《まかな》いの女性たちが味噌汁で労ってくれた。舌鼓を打ちながら啜る椀の温もりで胸がいっぱいになり、人の情けが身に染みる。

この先も従軍したい、と申し出る彼女たちをどうするか。副官と相談のうえ、この地に残していこうと決めていた。一緒に行動すれば間違いなく、必死のるつぼに引きずり込むようなものだ。

「米軍といえども鬼ではあるまい。まさか女、子どもを獲って食うわけでもなし、君たちはここに残りなさい」

出発するまで、何度も言い聞かせた。

が、後ろからついてくる。行くも地獄、残るも地獄と考えたのかもしれない。もう「帰れ」とは言えなくなった。大隊は暗闇の中、最後の決戦の地へ歩を進めた。

六月四日、大隊と配属の各隊は糸満の国吉地区の丘陵（以下、国吉台地）で、配置についた。隆起したサンゴ礁の切り立った台地の北側に、横一線で並んで陣を構える。ここは、摩文仁《まぶに》にある軍司令部を守備する、最後の防衛線の西端だ。

進撃してくる敵を正面から防御するには、約八〇〇メートルの幅で迎え撃たねばならない。大隊といえども一個中隊レベルの員数では無理があった。ゆえに、本部も第一線で戦うため、防衛ラインの中央に位置させる。それは、断崖を背にした背水の陣で、すべての兵が決死一丸となるためだ。

空を見上げれば米軍機が我が物顔で乱舞し、西方海上にはその艦船が憎々しいまでに悠然と浮遊している。戦車を伴った敵の歩兵は、これらの支援を得て、物資や人的な数量においても圧倒的な勢いで迫ってくるだろう。

それに対して、武器、弾薬だけでなく、水や食料も不足する我が軍。兵士の数も足りず、解散した野戦病院の軍医や衛生兵、経理部の主計兵らが配属されてきた。彼らのほとんどが、戦い方を知らず、銃も持っていない。手榴弾を護身と自決用に一発ずつ支給されているだけだ。

国吉における戦闘

丘陵であるこの地が、摩文仁にある軍司令部を守備する最後の防衛線の西端となった
資料提供：水ノ江拓治

さらに、野戦病院や露営地の救護所で治療を受けていた部下たちも、最期の地を求めて原隊に復帰してきた。中には、文字どおり這って戻ってきた者もいる。まさに、総動員で敵を迎え撃つのだ。こうした兵員まで数えると、五百数十名となったが、戦闘が可能な人員は一三五名に過ぎない。

「もう、これが最後だ」と誰もが覚悟を決めた陣地で、将兵たちは絶望的な面持ちで配備に就こうとしている。そんな雰囲気の中、ひとり静かに銃の分解掃除をしていたのが、松倉秀郎上等兵だった。

冷静沈着に見えるが、全身に気迫がみなぎっている。この兵の、いざ戦わんかなの気持ちに私は奮い立たされた。これこそが、すべての将兵に通じる覚悟であってほしい、と願わずにいられない。

松倉の働きはそれだけではない。大隊長直属の大隊本部に所属していた将兵らは、指揮官らがこもる洞窟陣地を守備したり、連隊本部との重要な連絡を伝達したりする役割を担う。ここで本格的な戦闘が始まる前は、比較的元気な者たちが夜間、斬り込みに出た。

敵にゲリラ的な夜襲を仕掛けるだけでなく、米軍の幕営地などに備蓄された物資や食料などを、こっそり奪いにいく目的もある。それを負傷したり、衰弱したりして動けない戦友たちに持ち返ってくるためだ。

松倉上等兵も、同郷の国島伍長らと一緒に、しばしば斬り込みを兼ねた物資の調達に向かう。徴兵される前は北海道警の警察官だった。

「平時ならば許されないよな」

苦笑いしながら、傷ついた仲間たちに食料や医薬品を配っていたという。

激しい米軍の攻撃を迎え撃つ

そして六月九日、米軍の進撃が始まり、風雲急を告げる国吉台地。サンゴ礁の岩山に設営した日本軍陣地へ、戦闘機や艦船からの砲弾が降り注ぐ。それが一日続いた後、満を持したように大人数の歩兵が、戦車を伴って襲い掛かってきた。

ここでも大隊将兵らは死に物狂いで抵抗する。歩兵には機関銃や小銃などで猛射を浴びせて撃退し、戦車の進撃は速射砲や地雷などで食い止めた。むしろ当初の二日間は、日本軍側が押している感触すらあった。

だが、米軍はその物量と圧倒的に上回る兵員数で、じわりじわりと攻撃の圧を加えてくる。前進陣地として第三中隊などを配置した隣の照屋高地にも、猛攻が加えられていた。

国吉台地の我が大隊本部も同じ状況だった。米海兵隊の精強部隊が、私たちが潜伏している洞窟へ肉薄してくる。後に知り得たことだが、その時に日本軍陣地からひとりの兵士が躍り出て、単発式の銃で前進してくる米兵を狙い撃ち始めたそうだ。米軍側も自動小銃などで応戦するも、神出鬼没に小型の野戦陣地や岩陰を利用しながら狙ってくるので、的が絞り切れない――。

ひとり、またひとりと海兵隊員は倒れ、破竹の進撃が食い止められた。

堪りかねた米側は自軍の砲兵へ、無線で狙撃兵の居場所を指示する。

「あの岩塊が並んだ先にあるピナクル（小尖塔）のような岩山の近くにいる！」

だが、砲撃の間は沈静するも、歩兵が進み始めると正確な射撃が再開された。

「あいつは厄介だぞ……」

後方で戦況を見つめる米軍の指揮官は思わず唸ったという。

少なくとも二二名の米兵が負傷もしくは戦死させられていた。

「誰か何とかしろ！」

遮蔽物のない前線のサトウキビ畑に伏せている海兵隊員が叫ぶ。

米軍側もここで怯んではいられなかったようだ。この台地の日本軍陣地を落とさないと、摩文仁の司令部へ攻め込む時、背後を衝かれる恐れがある。

横一線に陣を敷く日本軍に向かって左側にいた米海兵隊員らが回り込み、この狙撃兵が逃げ込んだ洞窟が特定されてしまった。ピナクルに近い岩塊の下に、東西へ延びる長さ一〇メートル前後の陣地壕がある。その西側の出入り口に火炎放射され、さらに監視哨に続く天井の空気穴からは爆雷が投げ込まれた。

「敵襲！」

歩哨の叫び声が、大隊本部壕の中に響き渡るのと同時に、激しい爆発音と衝撃が壁面を揺らし、天井から岩の塊がバラバラと落ちてきた。土煙が収まった後に国島伍長が駆けつけると、西側の出入り口付近にいた兵士らが三名倒れている。

その中には、逃げ込んできた狙撃兵もいた。眼鏡が吹き飛んで、顔はすすで真っ黒になっている。

「しっかりしろ、松倉！」

国島伍長が抱き起こすも、すでに事切れていた。

その手にはまだ銃身が冷め切っていない、ボルトアクション式の九九式小銃を握りしめて……。


記録によると、松倉秀郎上等兵は、沖縄戦の終結が近い六月一六日もしくは一七日に、現在の糸満市国吉で戦死したとされている。これは、樫木副官が実施する定期点呼と部下の情報などから割り出した日時と場所だ。

ところが終戦後、伊東大隊長が『沖縄陸戦の命運』を書くために米軍側の資料や書籍を繙くうち、驚くべき事実が浮かび上がってきた。米軍が国吉台の陣地を完全に破壊、掌握できないまま島の南部へ転戦していったのは、この丘を守備していた伊東大隊を始めとする日本軍の激しい抵抗に手を焼いたからだった。

さらに、たったひとりの日本兵に、多数の海兵隊員らが狙い撃たれたことも記されている。

「その狙撃兵こそ、松倉だったのだろう」と、伊東大隊長は確信している。大隊本部壕の入り口で戦死した松倉上等兵を看取った、国島伍長の証言も重ね合わせたうえでの判断だった。

生き残って復員した国島さんも戦後、松倉上等兵の遺族を連れて、国吉台地を訪れた。その時は、長男・紀昭さん（八〇歳）が現地に花を手向け、父の戦った地で慰霊をしている。


妻・松倉ひでさんからの手紙（一九四六年六月二五日）

一億の民が矛を持ったまま、終戦の大詔を拝して、痛恨の涙に泣き濡れた日から、はや一年の日が流れ去らんとしています。

此の度、隊長殿には激しい戦火の地たりし沖縄より、御元気でお帰り遊ばされました由、衷心よりお喜び申し上げます。

長い間の御苦労の甲斐もない、敗戦の故郷へお帰りになられた貴方様の心の中をお察し申し上げ、只、涙有るのみでございます。何卒、御身体を大切になさって、新しい日本建設にお力添え下さいますよう、御健康を遠く北海道の一隅よりお祈り致して居ります。

また主人、松倉秀郎戦死の御丁寧なる御悔やみに添え、沖縄の土、実に有難く厚く御礼申し上げます。

主人、生前は何かとお世話様に相成りましたこと、私より厚くお礼申し上げます。

思えば昭和十八年十月、主人を送りましてより、幼い三人の子ら守りつつ、一日としてその武運、祈らぬ日とてございませんでした。

今、幾多の人々の血潮しみ込んでいるで有ろうこの土を前にして、感慨無量、流れる涙ぬぐうすべなき有様でございます。

国、敗れたりとはいえ、お国の為に臣としての本分を尽して散って逝ったのですもの。さぞ、本人も本望で有った事でございましょう。

主人の戦死は、沖縄復員第一船にてお帰りになられました樫木様よりお聞きしました。正式の公報は、沖縄の全員引き上げ後に出される筈故、一切の手続きはその後する様との事にて、未だにそのままでございます。

主人、戦死の様子お聞きすべく出札もして、樫木様へもお伺いしてみましたが、生憎《あいにく》お目にかかれず、奥様にお会いして、僅かにその終戦後の様子なぞお聞きしてまいりました。

心にかかりますのは、主人最期の時の様子でございます。我儘な申し分ではございますが、出来ましたなら、もう少し詳しくお知らせ願えませんでしょうか。

新聞紙上に発表になりました伊東隊の活躍の模様、また、感状なぞ全部取ってございます。本当に死より辛い三か月でございました。

天かける　つばさも欲しや　夫征きし
　沖縄島の　便り聞きたや

南西の空仰ぎつつ、幾度かこうした思いに泣かされました。恐らく、総ての人々の心、皆おなじ思いであったことと存じます。

でも、一切を空にして、長い戦いは終わりました。南の端から西、北、東からと、幾年便りなき人々も、次々、敗戦の故国へ帰って参りました。今は、待つ人のなき遺族の者の心こそ哀れ、痛ましき限りでございます。

でも一切は終わりました。新しい苦難の道を再出発しなければならない現在でございます。赤裸々に申し上げますなら、本当は後を追いたい心で一杯なのでございます。総てを死と共に葬り去ったなら、どんなに幸福か知れません。されど、残されし三人のいとし子を思う時、それは許されない事です。激戦に散りし主人の心、きっときっと、この子達に残されている事と存じます。

柱と頼む人居ってさえ、暮らし難き現在、か弱い女手に三人の幼子を抱えて進む道は、あまりにも険しゅうございます。かつては歓呼の嵐に送った人々の心も今は、荒みにすさんで、敗戦国の哀れさ、ひとしお深うございます。生活能力を失い、冷たき世に泣く人々のあまりにも多き事、情けなき限りと存じます。

でも私は強く生き抜いて参ります。総てを子らに捧げて。それがせめてもの、散りにし人への妻の誠でございますもの。

遠からず戦死の公報も参ります事と思いますが、女の身の何ら手続きなぞ存じないのでございます。また、敗戦となりましてからは、全然、昔と変わってしまった様でございますから、何一つ解りません。甚だ、お手数をかけて御迷惑とは存じますが、手続きのほど、御知らせ願えましたなら幸せと存じます。

当地にても、随分たくさんの方が沖縄に征かれて居ります。その人々も、戦死された方々は、一緒に故山に迎えられ、共に故山に眠られましたなら、せめてもの慰めでございましょう。

かつて話題になりました忠犬ハチ公が、帰らぬ主人を死ぬまで駅頭に待ち続けました様に、死せりとは聞きますものの、直接その死に会わない遺族の者の心は、きっとこのハチ公の様に、墓穴に入る日まで心秘かに待ち続け、生への希望とするのでございましょう。
お礼の文がつまらぬ愚痴になって、実に恐縮でございます。何卒、お許し下さいませ。
乱筆乱文ながら、生前のお礼方々、お願い迄、申し上げました。末筆ながら貴方様の御健康と御多幸、遥かにお祈り申し上げます。
かしこ
六月二十五日
松倉ヒデ拝
伊東孝一殿

妻・松倉ひでさんからの手紙（一九四六年八月三一日）

鉛筆の走り書きにて誠に失礼でございますが、何卒お許し下さいませ。

お暑さ酷《きび》しき折柄、如何お過しでいらっしゃいますか、お伺い申し上げます。

過日は御丁寧なる御返書、有難く拝読させて戴きました。

多勢の中の一兵士の妻の我儘なお願いを、お怒りもなく御親切なお便りに、只感泣致しました。

早速お礼状をと思いつつも、生活に追われる身の暇なきままに、心ならずも遅くなりまして申し訳もございません。

お恥かしき話ながら、あのお便り手に致しました日は、見栄も外聞もなく、泣けて泣けてなりませんでした。

日頃、耐えに耐えし涙は、拭ってもぬぐっても頬を濡らすのでございました。

昨年の六月から、既に亡き人と悲しい覚悟を決めて居りました身に、今更、悲しい涙ではございません。

お便りに、はじめて知る沖縄での主人の姿が、そのまま私の胸に浮んで参りました。明けても暮れても案じ暮したその人の懐かしいなつかしい姿が、あまりにも如実に記されて居りましたので、つい懐かしさ嬉しさに泣けたのでございます。

よく働いて下さいました。たとえ敗戦の悲しい現実に直面しても、主人は力の限り働いて兵士としての本分を尽し、男らしく御旗の下に散って逝ったのでございますもの。

生者必滅会者定離は世の慣でございます。

立派な勲を立てて散りし人に恥じない様、残されし三人の子を育んで参りたいと存じます。

遠い親類の者が六月なかば、沖縄より復員致して参りました。片眼を国に捧げて帰って参りました。

一日、面会に参りまして、種々のお話を聞いて参りました。本当にほんとうに、筆舌に尽し難い苦しみを越えて、この悲しい敗戦の故国に帰り来し人の心、お察し申し上げ泣きました。

主人の話も出まして、伊東隊は覚えて居りましたが主人は解りませんでした。

伊東隊長殿は、大変立派な方だと申して居りました。

主人は幸福でございました。お話を聞き、しみじみそう思いました。

生前の御礼、改めて厚くあつく申し述べさせて戴きます。

新聞の発表になりました伊東隊の感状、切り抜いて大切にしまって有りますの。沖縄戦の新聞記事も、心打たれたのは取ってございます。子供達が大きくなって、父の死を理解出来る様になりました日の心の糧としてやりたい、又、私自身、心の慰めでも有ります。

敗戦の厳しい現実は、大切な人を失いし遺族の心を、兎に角、荒ませて居ります。同じ境遇の私が、周囲にそうした人々の姿を見る時、悲しさに張りさけそうな胸を押さえて、「何卒、荒まないで下さい。お国の為に命を捧げた、いとしい人の心を考えてあげましょう」と言わずには居られません。

本当に生き難き世に、弱い女の身で、幼児かかえ生き抜いてゆく苦労は、死よりも苦しく辛うございます。

温かいいたわりと、強い励ましがどれ程大切な事か、その境遇になって、しみじみ覚りました。何卒隊長殿にも、時折はこうした悲しい心の遺族の人々を慰めてあげて下さいませ。

乱筆にて取り止めない事のみ書きました。何卒ご笑覧下さいませ。

先ずは遅ればせながら御礼迄。なお、主人の写真、焼き増し致してお送り申し上げます。

甚だ恐れ入りますが、隊長殿のお写真も一枚戴きましたなら、何よりの喜びでございます。

主人の写真と共に長く保存いたし置きたい心でございます。

末筆ながら、くれぐれも御身大切にお暮し下さいます様、お祈り申し上げます。かしこ

松倉ヒデ子拝

伊東孝一殿

最愛の夫を亡くした哀切な心情と現況を、伊東大隊長への礼状にしたためた妻・松倉ひでさん（享年五一）。

「この手紙はつらかった。どう謝罪すればいいのか、どう返信すればいいのか……。心底、戸惑ってしまった」

伊東大隊長は、天を仰いで目を閉じた。

「三五六通の中に、当時も今も、胸がふさがるような内容の書簡がいくつかある。松倉夫人の手紙もそのうちの一通だ」

おもむろに立ち上がって背を向け、自宅の庭を眺める。込み上げる感情を悟られないようにするためだろうか。

輝く「お父さんの星」

松倉秀郎さんの妻・ひでさんが書いた二通の手紙は、二〇一七年八月、長男・紀昭さんと長女・恭子さん（七四歳）へ返還した。一緒に活動する学生たちと訪ねた時、残念ながらひでさんはすでに亡くなっていた。

秀郎さんとひでさんの間には、三人の子どもがいた。長男と、その下には双子の姉妹。戦争未亡人になったひでさんは、役所の支所に勤めながら幼子を立派に育て上げる。

学生が二通の手紙を朗読した後、顔を覆って泣いていた双子姉妹の姉・恭子さんが咽び声で言葉を絞り出した。

「父のことは記憶にないの」

祖父の家で風呂に入れてもらった帰り道、母に背負われて、夜空を見上げたのが忘れられない想い出だという。

「ほら、あの一番輝いているのがお父さんの星よ、と母が指さすの……」

その後は言葉にならず、誰はばかることなく号泣する。

松倉家の長男・紀昭さんは幼い頃、警察官だった父に連れられて刑務所の見学へ行った。そこで父が言う。

「悪いことをした人を罰するより、悪いことをしない人を育てることが大切だ」

戦地から送られてきた思いやりに溢れる手紙のなかにも、長男への訓示が綴られている。

「母に苦労を掛けず、勉学に励みなさい」

こうした教えを受けていたゆえ、貧しい暮らしで苦労した母を助けるため、高校を卒業したら、すぐに就職しようと準備していた。

ところが、進路相談の折に母から突然、伝えられる。

「あなたは教育者になりなさい。それがお父さんの願いでもあり、遺言よ」

驚いたが、父の言葉が蘇った。

「悪いことをしない人を育てることが大切だ」

紀昭さんは苦学して教育大学へ進み、小学校で教職に就く。父の願いを叶え教育者となり、教え子を決して戦場に送るまい、との決意で平和教育に力を注いだそうだ。

戦禍の艱難辛苦に翻弄される生き方を、次世代にはさせたくないと心に誓う紀昭さん。自らの子どもも教育者として育て上げ、孫は医師になった。父母から引き継いだ、命を大切にする教えを家族にも伝え、今後も貫きたいと話している。

棚原で五月に戦死した倉田貫一中尉の長男・紀さんとともに伊東大隊長へ面会を申し込んだのは、紀昭さんだった。

「戦争は父のような下っ端が死んで、偉い人が生き残るものだ」

そんなわだかまりから、生き残った大隊長の話を聞いてみたいという願望があった。

面会の当日、紀昭さんの長男で筑波大学で教授を務める千昭さんも同席したいと申し出てきた。体調が芳しくない紀昭さんを心配していたからだ。

そこで、秀郎さんを戦死させたことを涙ながらに謝罪し、けっして「犬死に」したのではなく、立派な働きをしたことに誇りを持ってほしい、と語る伊東大隊長の本心に触れる。さらに、母の万感の想いがこもった手紙を大切に保管していた経緯も知った。

帰り際、横浜の駅で、紀昭さんが両の手を差し出して私たちに握手を求めてきた。

「ありがとうございました。母の手紙にもあったとおり、伊東大隊長は立派な方でした。その下で働けた父は、さぞかし幸せだったのでしょう。それを知れたことで、もうわだかまりは消えました」

目には光るものがある。

「今の私には、伊東大隊長が実の父のように感じられます。ぜひ、戦没した父の分まで、長生きされるようお伝えください」

別れを惜しむかのごとく、列車の出発の直前まで、握り締めた手を離してくれなかった。

壕内で見つかった「丸いメガネ」

この遺族にはまだエピソードがある。紀昭さんの孫である啓佑さんは、過疎地で奉仕する総合診療医を目指し、現在は愛知県で専攻医をしている。九州地方の国立大学医学部で学んでいた一九年、沖縄を訪ねてきて、国吉台地で遺骨収集に参加してくれた。

曾祖父の秀郎さんが戦死した壕などで約一週間、真っ黒に焦げた天井や壁の下の地面を掘って、遺骨を探した。

そして最終日、暗い壕内で祈りを捧げる。

「僕が曾孫だよ。命を紡いでくれてありがとう。ひいおじいちゃんのことは忘れないからね。また来るよ」

その翌年、松倉上等兵が戦没したとされる壕の監視哨口の下で、当時のものと思われるメガネを発掘した。発見したのはボランティアメンバーの高木乃梨子。啓佑さんが土にまみれて掘り進んだ窪みのすぐ脇から見つけた。

秀郎さんの写真と見比べると、出征時に掛けていたものと形や特徴がほぼ同じに見える。戦闘時の状況や埋もれていた壕内の様子などを説明しながら、それを紀昭さんと恭子さんに見せた。

「このスタイルの丸いメガネはねぇ。当時、みんな同じような形でしたから……」

首を傾げ、苦笑いしながら手に取る。

「でもこれ、父が掛けていたのに似ているよね。どれどれ」

恭子さんが掛けてみると、その顔は秀郎さんの遺影の写真と瓜二つになった。

驚いた紀昭さんも掛けると、これも瓜二つ。見合わせた二人の顔が真顔になった。

「これは父のものだと思います。だって、写真とそっくりだもの。孫の啓佑が掘った場所の近くに、埋もれていたのですよね。もう絶対にそうでしょう。たとえ違ったとしても、父の戦友のものです。頂けるのですよね。大切にします」

その後も、互いにメガネをかけた顔を見合わせて、和やかに笑い合っている。

秀郎さんとひでさんが、奇跡を生んでくれたのかもしれない。

「私のおしえをまもりましたのですから、けっしておしいとは思いません」

鈴木喜代治《きよじ》 上等兵（享年二六、推定）
糸満市国吉で戦死（四五年六月一八日）

熾烈な敵の攻撃に破られる防衛線

敵の攻撃は熾烈を極め、我が防衛線に突破口をこじ開け、そこへも兵力を投入してきた。夜間ほとんど行動しない米軍が、戦車を隠密裏に侵入させてくるのだ。そして、至近距離での手榴弾戦。我が将兵も死力を尽くして戦うが、突入地点の内部を風船のように拡張されて、占領地が広がってしまう。

ただ、突破された地点は、その入り口が狭いため、敵は空中投下で多量の食料や武器などを補給し始めた。白、赤、青、黄とさまざまな色の落下傘が、両軍の中間に続々と投下される。

当然、敵味方が入り乱れた争奪戦が始まった。色が異なるものを手にするたびに「兵器か」と期待するも、どれもこれも食料でがっかりする。が、長い期間ろくなものを食べていないので、貪るように食べた。悔しいが、実に美味い。普段の日本人には口にできない、贅沢な品々だ。

ここで戦局を打開するため、照屋の前線陣地で戦う第三中隊へ、側面から米軍を攻撃するよう指示を出す。しかし、壕内の奥深くへ追い詰められ、身動きが取れないとのこと。ならば、夜陰にまぎれて撤退するよう命令するが、敵に包囲されてそれも難しい、との返答があった。これ以上はなす術がない。

その時、胸に貫通銃創を負った沖縄出身の防衛隊員が、大隊本部壕に駆け込んできた。

「陣地がある台地の裏側も敵に攻められています」

息苦しそうに報告。背後からの敵にも対応が必要となる。

そのうえ、前面の敵の攻撃はいっそう急を告げていた。

「火炎放射の一斉攻撃で苦戦中」

配属の各隊からの悲報が次々と入る。俺もいよいよだと思いながらも、黙って報告を聞く。

第一機関銃中隊の鈴木喜代治上等兵も、急造の野戦陣地で米軍を迎え撃っていた。岩の割れ目に即席の銃眼をつくり、そこに身を隠すようにして重機関銃を撃つ。敵の歩兵を狙って連射すると居場所が発覚し、艦砲や迫撃砲などの集中砲火が返ってくるが、ここが最後の決戦の場だ。もう撃つしかない。だが、攻め込んでくる敵の数に対して、銃弾がまったく足りない。

「大隊本部に行けば、なんとかなるかもしれん」

通行壕へ走り出した途端、敵の艦砲弾が銃眼の上部の岩壁に直撃し、鈴木上等兵の頭上に落下してきた。

手紙は、喜代治さんの弟の妻・寿枝さん（八九歳）へ返還した。

実家は北海道月形村（現・月形町）の農家で、八人兄弟の長男だった喜代治さん。身体も丈夫で、よく働く人だったという。搾った牛の乳を入れた缶を馬そりに満載して、約一〇キロメートル離れた村の中心部へ売りに行っていた、と振り返る。

ただ、終戦後、喜代治さんが帰ってこない鈴木家の暮らしは困窮を極める。父が身体を壊したことで、母・好美さん（享年七四）も田畑に出て、働き詰めだった。が、何も食べるものがなくなったので、弟たちは各地へ奉公に出されたそうだ。

母・鈴木好美さんからの手紙（一九四六年六月二五日）

一筆、御へんじ申します。先日、ごしんせつなるおたより下され、有りがとうございました。鈴木一家そろって、沖なわの砂と思わじ、わが子、わが兄と思って喜びました。御安心下さい。

つきまして、申しおくれましたが、私は喜代治の母です。夫は、六年前に中風になり、口もじゅうぶんきかず、からだもそのとうり、じゅうぶんなしごとはできず、子供が大きくなるのばかりまって居りましたが、喜代治が六年前の二月十日に入たいして、十一月に夫が中風になり、私も国のためと思って十九の女子をあいてにのうふをやり、そのうち正雄が大きくなり、二十才で兵隊けんさ、昨年六月二十九日、大ミナトに行きましたが、そのうち八月十五日、いくさをやめ、そのために正雄はいきてかえりました。

いまでは私も、なんとかんがえればよいのでしょうか。じぶんのむねにあまっておりましたが、札幌のカシ木ナヲ吉さんや、チバ県や、又あなたからのおたより。いまでは、しっかりおもいきり、えらい人がたのくろうをなさいましたことや、おとなりの人がたの、マゴやヨメサマをのこして死なれましたより、私になにもくろうはありません。

もとより、いつやる手紙にも、丸（注：弾の意）にあたるのは、かくごで出したが、びょうきにかかってだけ、もどされてくるな、又、だい一せんにたたされたばあいは、うでによりをかけていさぎよくはたらき、ぜひもおよばないときはいさぎよく死んでくれ、と、いつもたよりを出してあったのです。

私のおしえをまもりましたのですから、けっしておしいとは思いません。あなたよりおたよりいただきましたから、六月十七日に、一シキのくようを、ぶらくの人たちにしていただきました。

ちかくでしたら、きて、どんなはたらきをして死んだか、せがれの、ほんもうをききたいのですが、あまりとおいので、おいで下されとも申しかねました。もし、八月か九月ごろ、ごつごうできましたらおいで下さい。札幌のカシ木ナヲキチさんにも、きていただきます。

又、とつぜんですみませんが、わすれようとしてもわすれることができません。金子サカエという人が、ボタンコ（注：牡丹江）から、十九年の六、七月ごろでしょうか、オキナワにわたったとき、グンソ（注：軍曹）であったはずです。昭和十六年にマンシュ（注：満洲）

に入ったときからついていてくれた人で、十九年の九月二十三日に、オキナワから出してよこした手紙に、金子ハン長どのと手をくんではたらいて居ります、とかいて有りました。手紙がいまだにとって有ります。金子さんがどうなったかと、毎日思って居ります。その人がわかりましたら、おしえて下さい。又、松本勝男さんは、カシキサンでは、いきて居るとのこと。その人も、しらして下さい。私のとなりです。

又、このお手紙には、シャシン一マイ下さいとかいて有りますが、女子青年や青年団の人や、しんるいの人が、一マイずつもって行きましたので、まんぞくなものは有りませんが、ほんのかたちだけのものでも、おうけとり下さい。

喜代治の母、鈴木好美

伊東様

いつコーホー（注：戦死公報）が入るでしょうか。あなたのおちからで、できましたら、ぜひ一日もはやくおねがいいたします。

病に倒れた夫に代わり、書きなれない文字でしたためた母の手紙。

一生懸命に言葉を探して、家族と自らの想いや近況を伝えようとする内容に心打たれる。この手紙からは、当時の女性の置かれた立場が透けて見える。参政権はなく、原則として家を継ぐ権利もない。じゅうぶんな教育を受けることができない場合も多かったのだろう、戦没者の母が書く手紙には、当て字や、既存の手紙から写し取ったと推察される、不自然な表現を用いた文章が散見され、代筆もかなりあった。

手紙を受け取った寿枝さんの長男・健一さん（六三歳）と妻・美雪さん（五八歳）は、北海道で報道関係の仕事に携わっていた夫妻。若者たちがあの沖縄戦を記録し、遺骨収集をしながら遺族へ手紙を届ける活動を続けているのを知って、感銘を受けていた。

「御貴書により、あきらめがつきました」

長内大太郎 上等兵（生年月日は不明）
糸満市国吉で戦死（四五年六月一八日）

続けてもう一通、戦没者の父が出した手紙を紹介する。鈴木喜代治さんの母の手紙と同じく、文字や封筒、便箋が当時の世相を物語っていた。

封筒は、その時代の新聞を貼り合わせてつくられたもので、緑のインクで宛先が書かれている。また、中の便箋も緑のインクで綴られており、なぜこの色を選んだのか気に掛かった。

というのも、欧州では過去、果たし状を緑のインクで書いていたとされ、この色は決別を意味するという。日本では一般的ではないが、往年の名女性歌手がこれを歌って、大ヒットした曲もあった。

果たして、この遺族にどんな想いや意図があったのか——。

父・長内豊三郎さんからの手紙（一九四六年六月一二日）

長内豊三郎

昭和二十一年六月十二日

拝啓、時下日増しに盛夏の候に成りました。


御尊重なると存じ、益々ご多祥の段、御喜び申し上げます。

陳者、昨日ご書面、正に有難く拝見致しました。私は御貴殿の部下として、一方ならぬ御厚情を給わって、男子としての本分を盡《つく》させて戴きました、長内大太郎の父で御座います。

愚息大太郎事は、戦死致したる者とは存じ乍ら、何ら公報とても無く、最早、沖縄戦より一か年にも相成る事と、もしやに、万が一とも頼みに思って居りましたが、御貴書により、あきらめがつきました。ご厚志の段、厚く御礼申し上げます。

御送付給わりました沖縄の土、愚息の遺品として祀りおきます。

尚、愚生は本年五十一歳に相成り、孫は九才の男子、七才の女子、三才の男子三人にて、また子供は女子ばかりですが三人も居り、十人家族です。

当地は、根室本線茶内駅より三里半の一海岸の一漁村で、昆布や採藻が主業にて、魚も少々取れます。目下は鱒が取れて居ります。

尚、ご厚志に甘え、御多忙中、お手数甚だ恐縮に存じますが、もし御部下、斉藤隊の人々にて生存者が有り、其の人々の在所、御存じの方が有る折は、住所お知らせの程、願い上げます。

私共も、新日本建設に食糧増産に頑張りますので、御貴殿も何卒、御身お大切に、御奮闘の程、願い上げます。

とりあえず、御礼方々、御願いまで。

写真一枚、同封しておきましたので、御受け取り下さい。

拝具

手紙は、大太郎さんの長男・栄一さん（七八歳）と次男・捷征《かつゆき》さん（七二歳）に返還した。二人とその親族は、道東で昆布漁をする生粋の漁師一家。収穫した昆布を天日干しするための砂利が敷き詰められた、潮風の香る広場に隣接したお宅での報告となった。

「祖父の手紙ではない」

栄一さんたちは最初、受け取りに難色を示した。というのも、手紙を書いたとされる大太郎さんの父・豊三郎さんは字の読み書きができず、自宅で新聞も取っていなかったからだ。

振り込め詐欺が横行していたこともあり、我々の問い合わせに対しても不信感が拭えなかったようだ。が、この件を取材していた、ＮＨＫ沖縄放送局の小島萌衣記者が粘り強く栄一さんたちに働きかけてくれ、どうにか信用が得られることに。

詐欺の疑いが晴れてからは、兄弟のお二人も親族も歓待してくれた。

「持ってけ！」

訪ねるたびに、干してある昆布を振る舞ってくださる。固辞しても、荒くれの海の男たちには通用しない。恐縮してしまうが、大太郎さんの味として、ありがたく頂戴している。

結局、この書簡は、漁協に勤めていた親類に代筆を頼んだのだろうと推測された。ただ、なぜ、新聞紙でつくった封筒に緑色のインクなのか。大切な息子を失った父の怒りが込められていたのか、つらい想いを封印したかったのか……。当時の長内家を知る親族がすべて鬼籍に入っているので、もはや検証する術はない。

そうしたことが気に掛かったのか、次男・捷征さんの妻・みささんが父の記憶がない夫を慮って、義父の生涯をまとめる手作りの冊子を製作中だ。伊東大隊に関係する書物から戦況などを抜粋、報道機関や図書館などにも問い合わせて資料を集めている。それは、子や孫へ戦没者の生きた証を伝えようとする試みに他ならない。その完成を私たちも心待ちにしている。

大太郎さんは、屈強な海の男だった。厳しい昆布漁で鍛えた肉体と精神力で、軍隊生活で音を上げることもなく、いつも分隊の先頭に立って戦っていたという。所属していたのは、最後まで諦めず、米軍と死闘を続けていた第一中隊。一四六高地や棚原などでの熾烈な大激戦を生き抜き、国吉台地での最後の戦いに臨んでいた。逃げ場もない状態で敵を迎え撃つ背水の陣を敷き、圧倒的な軍事力で迫ってくる米軍に一歩も引けを取らず、歯を食いしばって戦い続ける。が、ついに、刀折れ矢尽きた斉藤中隊長が、最後の突撃へ。その時、大太郎さんも一緒に走り出したとみられている。

「愚息ニ付イテハ、イマダ生死不明デアリマスカラ」

工藤國雄 中尉（享年二九）
糸満市国吉で戦死（四五年六月一八日）

伊東大隊長が戦後に調べた米軍の戦史や戦記によると、国吉台地は全米軍攻撃の最重要地点で、精強の第一海兵師団があてられた。そこには日本軍の歩兵第三二連隊第一大隊などが待ち構えており、当初の攻撃は猛射を浴びて失敗、との記録が残っている。

そこで米軍は、隣接する大隊との境界へ大量の戦車を投入。二九機の飛行機で弾薬や食料などを投下補給して猛攻を続けたが、戦車は二一両が破壊され、一一五〇名の死傷者を出したとされている。

「けっして、けっして、このような攻撃をすべきではなかった」

終戦後、大勢の戦友を亡くした米海兵隊員が国吉台地の攻防が地獄のような戦いであったとの回顧を残している。

陸海空の間断なき攻撃

陸海空からの間断なき攻撃をまともに受ける我が大隊にも死傷者が続出し、二人の中隊長が戦死もしくは不明になっている。さらに、隣接する陣地で戦う臨時編成の第二大隊も壊滅し、第三大隊も大隊長が戦死して、全滅に近い損害を受けている。

さらに、これまで松倉上等兵らが守ってくれていた大隊本部壕にも、米軍は容赦なく攻撃を加えてきた。東西両方の出入り口から、爆雷、手榴弾、黄燐弾などが投げ込まれ、折を見て火炎放射を浴びせてくる。なかでも黄燐弾の攻撃が最も厄介だった。

発火型の爆弾なので、洞窟を補強するための坑木などに燃え移り、それが消えずにくすぶり続けるのだ。その炎や煙は、手持ちの水を掛けたぐらいでは消火できない。水筒に残った最後の飲み水をすべて使ったが、すぐに再燃し始める。

もちろん踏んだり、叩いたりしてもほとんど効果がない。最後は皆の小便を飯盒に集めて消火に努めたが、小便が出なくなっても燃え続けていた。この炎や煙に炙り出されて壕の外へ出ていけば、たちまち敵兵に狙い撃たれてしまう。

壕内に黄燐弾の煙が充満してきた。いよいよ最期の時が来たか。散り際は割腹、拳銃自決、あるいは斬り込みか……。思案しながら周りを見渡すと、部下たちも苦しそうではあるが、誰も諦めた目をしていない。

煙は壕上部の監視哨口から逃げていくので、地面に突っ伏しながら我慢する。と、日暮れとともに配下の独立速射砲中隊の本部壕から、水を持った部下が駆けつけて炎を鎮圧。

「この壕は危険なので、私たちの壕へ移ってください」

切迫感を漂わせながら進言してくれる。

その時、隣接する照屋地区の前線陣地で戦っていた第三中隊の工藤國雄中尉が、配下の兵を二十数名引き連れて参戦してきた。作戦の最中に何度も命令を出したが、もう期待できないだろうと諦めていた戦力だった。

この非常時に工藤中隊が動かなかったのは、照屋には自分たちが構築した堅固な陣地があり、備蓄した食料や医療品も揃っているので、部下の多くが離れたがらなかったためではないか。

そのうえ工藤中隊長は、陸士時代の先輩でもあり、部下として扱いにくさも感じていた。ゆえに、自分よりも年長の樫木副官を通して命令することが多かったので、心根が通わない部分もあったのだろう。第三中隊が大隊の主力になり切れないのは、こうした理由が影響していたのかもしれない。


ただ工藤中隊長は、温和で人情味溢れる性格で、部下の死を誰よりも悼んでいた、と生き残りの兵士による証言や記録が残っている。戦争がなければ教育者を目指していたらしく、伊東大隊長とは、性格や生き方に隔たりがあったのだろうか。

「きれいな顔をした優しい隊長さんでした」

第三中隊で食事の世話などを担った「賄いさん」の玉城朝子さん（享年九六）は、その面影を敬慕する。

「中隊本部の壕に私たちだけでなく、地元の民間人も入れて、守ってくれたり、食料を分けてくれたりしました。そして〝戦争が終わるまで危険だから、壕から出るな〟と諭されたのです」

確かに照屋には、第一機関銃中隊の笹島兵長らが、必殺陣地と呼んでいた要塞のような地下壕があり、隣接した食料庫には大量の米や大豆などが備蓄されていた。その近くの清水が湧き出る井戸の上に、中隊の本部壕があったそうだ。ゆえに、兵士だけでなく、防衛隊や賄いさんを含んだ民間人も多数、出入りしていたという。

そうした環境にいる部下を、激戦のるつぼと化した国吉にやりたくないという温情が、工藤中隊長の決断を鈍らせていたのかもしれない。だが結局、命令には逆らえず、配下の兵を引き連れて国吉へ向かう。直線距離で約一キロメートルの道中、半数が戦死したりはぐれたりして、たどり着けたのは約二〇名だった。

そして、大隊長が新しい壕へ移動した後、第三中隊がこれまでの本部壕を任せられる。しかし、米軍の攻撃は止むことはなく、さらに激しさを増した。工藤中隊の奮戦もむなしく、追い詰められる。

「現陣地を守ることは困難なり。よって犬死にするより斬り込みます。今までのご指導を謝す」

大隊長への伝言を残し、部下と一緒に突撃したと見られている。それが、心優しき工藤中隊長が目撃された最後の姿となった。

父・工藤喜代治さんからの手紙（一九四六年六月六日）

御手紙、正ニ相達シ有難ク拝見致シマシタ。愚息ニ付キマシテ色々ト委細ヲ御通知下サレマシテ、厚ク御礼申シ上ゲマス。尚、在営中ハ親子モ及バヌ御教訓ト御世話様ニ相成リタル事ハ、只々深ク深ク感謝致シマス。

次ニ失礼ニテ、本当ニ申シ上ゲ兼ネマスガ、実ハ当方ヨリ一日モ早ク参上シ、御話ヲ聞クベキニ有マスガ、家内一同、揃ッテ御話ヲ聞キタイトノ事ナレバ、御迷惑トハ存ジマスガ、御暇ヲ見テ何卒御来宅ヲ相タマワル様、伏シテ御願イ申シ上ゲタイノデアリマス。

前ニ申シ上ゲタル通リ、多大ノ御迷惑ヲ、オ掛ケシマスガ、幾重ニモ御来宅ヲ煩ワシタク。尚若《も》シモ御来宅ノ節ハ、失礼ナガラ何日ニ御出立ニ相成ルカ御一報ヲ御願イ申シ上ゲマス。

下車駅ハ秋田県能代《のしろ》市北能代駅デアリマス。北能代駅ヨリ十五、六町ニテ比八田《ひはた》部落デアリマス。

若シモ、御都合悪キタメ御来宅出来ザルナレバ、其ノ事、御一報御願イ申シ上ゲマス。先ズハ御礼方々、御待チ致シテ居リマス。

六月六日

工藤喜代治

伊東孝一様

父・工藤喜代治さんからの手紙（一九四六年六月八日）

先日ハ書面ヲ差シ上ゲマシタガ、実ハ伊東様ニ御願イガアリマス。親トシテノ、ヨク目カラデモアリマスガ、ドーカ伊東様ニハ心ヲ悪クセズニ御願イ申シ上ゲマス。

実ハ伊東様ノ御通知ノ中ニ有ル通リ、未ダ生存者ガアリト言ウ噂モ有ルトノ事。伊東様ニ於イテモ、愚息ノ生死ニ付イテハ充分ナル調査ノモトニ有ルト思イマスガ、又私ハ先月二十二日、北海道室蘭市ノ中沢貞男上等兵、此ノ兵ハ愚息ノ部下デ、一月ニ帰国シタル者ニ尋ネルタメ、出立シマシタ。二十九日に帰宅セシガ、此ノ兵ノ御話ニ依リマシテモ、或イハ生存シテ居ルノデハナイカ、トイウ点モ有リマシタ。又他ニモ、戦死ノ公報ガアリマシテ葬式マデ終ワリテ、生存シテ帰ッテ来ル者モ、当方ニ幾人モ有ルノデス。

伊東様ニ御願イトハ、右ニ依リマシテ、戦死ノ発表ヲ沖縄本土ヨリ全部復員スル迄、中止スル様ニ御願イスルノデアリマス。是ガ出来ナイモノナラ仕方ガアリマセンガ、若シモ出来ルモノナラ、右ノ様ニ御依頼申シ上ゲマス。

尚、前ノ手紙ニモ申シ上ゲマシタガ、伊東様ノ御来宅ヲ御待チスル次第デアリマス。

六月八日

工藤喜代治

伊東孝一様

父・工藤喜代治さんからの手紙（一九四六年六月一八日）

御貴兄様差出ノ葉書、正ニ相達シ、有難ク拝見致シマシタ。再度、御通知ヲ受ケマシテ、御迷惑ヲ相掛ケ、申シ訳ガアリマセン。平ニ御容赦下サイ。厚クアツク御礼申シ上ゲマス。次ニ、家内一同ノ話ニ依リマシテ、御迷惑トハ思イマシタガ、御貴兄様ヨリ御来宅ヲ願イマシタ。ガ、何分ニモ目下ノ処、交通機関ノ不便トイイ暑熱トイイ、且、又多大ノ御迷惑ヲ相掛ケ、申シ訳ガ無イノデ、来タル本月二十五日、午後五時ニ出発、上野駅着ハ午前八時頃ノ便デ伺オウト思イマス。

実ハ渋谷区代々木町ニ、拙者ノ姉ノ三男ガ鉄道ニ出勤シテ居リマスカラ、上野迄出迎エ願イ、其ノ日ノ内ニ、御貴兄様ノ御宅へ行キタイト考エテオリマス。若シモ出来得レバ、其ノ日御在宅ヲ願イタイノデアリマス。先ズハ右御通知申シ上ゲマス。

工藤喜代治

伊東孝一様

父・工藤喜代治さんからの手紙（一九四六年九月一日）

伊東孝一様

暫クノ間、御無音ニ打チ過ギマシテ申シ訳ガアリマセン。平ニ御免下サイ。

多分、元気ニテ、オ過ゴシノ事ト遠察シテ居リマス。当方、一同無事ニ暮ラシテ居リマスカラ御安心下サイ。

就イテ先般、参上ノ節ハ何等ノ風情モ無ク、本当ニ申シ訳ガナイ事ト残念ニ思ッテ居リマス。

遠路ノ所、悠々御出下サレマシテ、多大ノ御迷惑等相掛ケ、是又、厚ク御礼申シ上ゲマス。

次ニ参上ノ節、御願イスル事ト思ッテ居リマシタガ、忘レテ申シ上ゲ兼ネマシタガ、実ハ愚息ニ付イテノ事デアリマス。

一昨年九月頃ト思イマスガ、大尉ニ進級シタル通知ガ当留守隊ニナイタメニ、イマダニ中尉ニテ俸給ヤ其ノ他ノ金ヲ頂イテ居ル次第デアリマス。

若シモ出来ルヨーデシタラ、秋田市ノ世話部へ御通知下サル様ニ御願イ致シタイノデアリマス。

御迷惑デアリマスガ一日モ早ク御依頼申シ上ゲマス。

九月一日

工藤喜代治

父・工藤喜代治さんからの手紙（一九四七年一〇月一五日）

暫クノ間、御無沙汰致シマシテ本当ニ申シ訳ガアリマセン。平ニ御容赦下サイ。
昨年八月、愚息ニ付イテ、悠々御遠路ノ処、拙宅迄御来車下サレマシテ、色々ト御話ヲセラレ、大変ニ心安ク思イマシタ。
愚息ニ付イテハ、イマダ生死不明デアリマスカラ、恩納村長ニ御手紙ヲ出シテミタイト思イマスカラ、村長ノ住所ヲ御知ラセ下サル様、御手数乍ラ御一報相煩シタク、幾重ニモ御願イ申シ上ゲマス。
十月十五日
工藤喜代治
伊東孝一様

工藤國雄中尉は、秋田県山本郡塙川村《はなわかわむら》（現・能代市）出身で、実家が筆者夫婦の自宅と最も近い戦没者である。出身地の集落はほとんどが工藤姓で、手当たり次第に連絡し訪ねてみたが、私たちは手がかりをつかむことができなかった。

手紙返還を始めて二年後の二〇一九年五月、毎週末、買い物に行く能代市の「かさい肉店」へ、藁にもすがる思いで相談してみた。能代市が秋田杉の産地としてにぎわった時代から、地元で営業されている老舗の肉屋さんだ。

女主人は、戦争関連や地域おこしのボランティアで、青森を訪れる大学生らをずっと応援してくださっていた。交流会のバーベキュー用の食材を買いにいくと、「美味しいお肉をいっぱい食べて、北東北を好きになってね」と、儲けがなくなるほどおまけしてくれる。困り切った私たちの顔を見た途端、自らの胸をドンと叩いた。

「任せといて。知り合いやお客さんに聞いておくから」

ほどなくして、工藤國雄さんの出身地周辺に住む顧客を紹介され、その口利きで地元の長泉寺を訪ねた。

住職に話を聞くと、工藤家はかつての檀家であり、境内にある松は手紙を書いた父・喜代治さん（享年七三）が植えたものだという。さらに、講堂には、國雄さんが満洲から送った書も飾られており、地元の公務員であった甥にその場で連絡を取ってくれる。しばらく探しあぐねていた遺族を思わぬ方々の手助けで見つけることができ、手紙も無事に返還できることになった。受け取ってくださったのは、國雄さんの姉の長男・靖さん（七八歳）である。

叔父とは会ったことはないが、祖父の喜代治さんや母から「忘れてはいけないよ」と言い聞かされて育ったそうだ。母は、弟・國雄さんの慰霊のために沖縄を訪ね、平和の礎に刻まれた名前を指でなぞりながら、号泣していたという。

何通も手紙を出した喜代治さんは、期待していた長男の戦死がどうしても受け入れ難かったようだ。伊東大隊長だけでなく第三中隊所属の復員兵にも連絡を取り、懸命に消息を追っている。沖縄上陸時、國雄さんの中隊が駐屯していた恩納村の村長にも捜索の願いを出すほどで、戦後しばらくは、息子がひょっこり沖縄から帰ってくるのでは……と待ち続けていたそうだ。

國雄さんには信子さんという妻があり、男の子が生まれている。が、残念ながら病気で夭逝。そのうえ、嫁を戦争未亡人にさせたくないという喜代治さんの願いが、ひたむきに消息を追う理由になっていたはずだ。

第三中隊の賄いだった玉城朝子さんも、信子さんが糸満市を訪ねてきた折に会ったという。

「戦後しばらくして、慰霊に来られました。秋田美人というのか、色が白くてきれいな方。でも、ご主人と子どもさんを亡くされた、という身の上話がとても気の毒でした」

中隊が首里方面の戦闘へ出向く朝、國雄さんが照屋の陣地に残る防衛隊員や賄いたちの手を一人ひとり握り、別れを惜しんでいた姿を覚えている。

「泣いてしまいそうだったから、顔をまともに見ることはできなかったけどね」

記憶を辿る朝子さん。

「可哀想に、かわいそうに……」

私たちが持参した工藤中隊長の写真を手に取って、指で擦り続ける姿に、歳月を超えて結ばれた絆を感じた。

通行壕から発掘された遺骨

工藤中隊長の消息が途絶えたのは、伊東大隊長が国吉で最初に入っていた大隊本部壕付近。米軍による艦砲射撃や戦車砲、爆雷の投げ込みなどの攻撃を受けて最深部は埋没し、壕口へ続く外部の通行壕も左右の岩壁が完全に崩落している。

二〇一九年三月、その年の遺骨収集活動を終え、撤収する際のことだ。壕口へ続く通行壕の上で哲二が転倒し、地面に顔を打ち付けた。尖った岩が折り重なっており流血は免れない、と居合わせた女子学生メンバーらは悲鳴を上げる。

が、奇跡的にも哲二は無傷であった。

「この埋もれた通路の下に誰かがいて〝私を踏んで通るな。早く掘り出してくれ〟と訴えているのかもしれない」

そう言って地面に手を置き、語りかける。

「来年は必ずここを掘るので、待っていてください」

翌年の二〇年一月、約束通りこの通行壕を掘削すると、一時間もしないうちに一柱の遺骨を発見した。さらに掘り進めると、米軍の黄燐弾や日本軍の手榴弾の不発弾など合計一三発と、軍刀、鉈などが続々と出土。この通行壕と陣地壕の入り口を日本兵らが死守しようとした様子が歴然となる。坑木とみられる焦げた木片なども見つかり、伊東大隊長の戦闘の記録や記憶が現場の様子と完全に合致することが確認できた。

ここは、国吉地区での伊東大隊の大隊本部壕で、工藤中隊長たちが最期を迎えたとされる場所だろう。発見した遺骨は、国の調査により二二年五月、戦没者のものだと認定され、ＤＮＡ鑑定が進行中である。

第七章　武装解除までの消耗戦

——糸満・照屋の戦闘（一九四五年六月〜八月末）

「息子の想い出がこもった庭石を抱いて、泣き叫んでいた母」

佐々木高喜《たかよし》 軍曹（享年二四）
糸満市で戦死（四五年六月一七日）

照屋高地と糸満地区での戦闘

国吉台地で伊東大隊が激烈な戦いを繰り広げている最中、照屋高地も米軍から激しい攻撃を受けていた。ここには複数の日本軍陣地があり、第三中隊、第一機関銃中隊、砲兵砲小隊の一部が立てこもって、抵抗を続けている。

我が大隊が、自分たちで構築した総延長一〇キロメートルの陣地の南端に位置する照屋。堅固な地下要塞と物資が揃っているのに、軍全体の戦略上の理由で、一部が前進基地として利用されるだけになっていた。

〝最後の決戦〟に臨む第一機関銃中隊の笹島兵長は、海に面した高地の中腹にある野戦陣地から、第三中隊の佐々木高喜軍曹たちが配置についている左南方の小高い丘に目をやる。海から上陸してくる米軍を正面と側面の二方向から迎え撃つための布陣だ。十数名の部下を連れた佐々木軍曹のいる前進陣地は、地元の民が信仰する御嶽《うたき》で、正月には参拝客でにぎわうという。戦争は侵されざる聖域を修羅の場に変えてしまう。

六月九日の朝、LVT（水陸両用戦車・通称アムタンク）の支援を受けた米海兵隊員が、照屋高地の日本軍陣地に襲い掛かってきた。まず歩兵が近くを流れる報得川《むくえ》を渡河し、高地に迫ってくる。その時、笹島兵長たちの重機関銃が火を噴いた。弾薬が乏しいため、あえて川を渡り切った敵を狙い撃つ。突進してきた海兵隊員たちは、その正確な射撃にバタバタと倒れ、免れた者も河口付近で釘付けにされる。

孤立した自軍の兵を支援するため、海岸線のアムタンクから激しい砲撃が加えられた。笹島兵長が銃を構えている丘の中腹に着弾の煙が次々とあがり、日本軍の重機関銃は沈黙する。ここで側面に配置されていた佐々木軍曹たちが、アムタンクと海兵隊の歩兵に擲弾筒や軽機関銃を浴びせかけた。この連携の取れた攻撃に、たまらず後退する米軍。この日は日本軍が、物量に勝る敵を退けたようだ。

すでに有線も無線もない状態で戦い続けている伊東大隊。笹島兵長たちも、前進陣地の友軍と連絡を取るすべはない。しかし、佐々木軍曹たちの支援射撃のおかげで、とっさに壕内へ退避し、配備についていた将兵や機関銃も無事だった。

佐々木軍曹は北海道空知地方の出身。道内でも有数の豪雪地帯から出征し、物静かだが内に秘めたる強い意志と強靱な体力で、激戦を潜り抜けてきた叩き上げの下士官だと聞いている。

敵の攻撃が止まった夜、笹島兵長たちは雨に霞む糸満の市街地と海を見下ろしていた。

「佐々木軍曹殿が夜になっても引き上げてこなかった。もう覚悟を決められたのか……」

四月の初旬に戦闘が始まって以来、断続的に雨が続く沖縄地方。六月上旬は梅雨の末期で、蒸し暑いだけでなく、スコールのような激しい雨が間断なく叩きつける。そして、舗装されていない道には、兵士や民間人の遺体が泥まみれのままで放置され、米軍の砲撃で出来た穴に溜まった水面にも遺体が浮かんでいる。

それが腐敗し、たまらない異臭を放つ。もう、街全体が死臭に包まれているかのようだ。

そんな地獄絵図と化した南国の丘で、道産子の笹島兵長たちは梅雨がない北海道の初夏を思い浮かべていた。六月といえば、雪に閉ざされた厳しい冬を耐え忍んだ後に訪れる、待ちにまった季節だ。

「笹島たちは無事だったのだろうか……」

前進陣地の佐々木軍曹も、御嶽の岩陰に身を潜ませながら、雨と霧に煙る照屋の丘陵地を見上げていた。

「出征する前にもらった大切な万年筆をあの丘の陣地へ置き忘れてきた。故郷の家族へ書いたはがきは無事に届いたかな。父さん、母さんは元気だろうか。一緒に野山を駆け巡った兄弟や甥姪たちも、つつがなく暮らしていたら良いなぁ」

束の間の休息に、佐々木軍曹は故郷の家族に思いを馳せていた。そして、置いてきた万年筆が心配になったが、まあ、身の回りの品と一緒にしてあるし、「三中　佐々木」と名前も刻んだので、誰か保管してくれているとありがたいな。もし、この丘から生きて還れるならば……と、まだ明けきらぬ東の空に目を向ける。

約二〇年前、沖縄県那覇市の遺骨収集家・国吉勇さんが、一本の万年筆を糸満市照屋の必殺陣地で見つけた。胴軸には「三中　佐々木」と刻まれている。この遺留品を二〇一七年に預かった時、伊東大隊長から託された手紙に、気掛かりな一通があることを思い出した。

それは終戦直後、佐々木高喜軍曹の遺族へ送付した書簡。届け先が不明で差出人の伊東大隊長のもとへ送り返されているのだ。封書に記された宛先は北海道美唄町茶志内《ちゃしない》（現・美唄市茶志内町）で、糸満で戦没した高喜さんの父・喜代見さんへ送られたものだ。

この万年筆が高喜さんのものであれば、遺族への手紙も同時に届けられる。まさに、二重の成果だ。が、七十数年前に見つからなかった遺族の行方が今になってわかるものだろうか。期待と不安を胸に、メンバーの大学生たちとともに北海道へ向かった。

まず、地元の報道関係者から紹介を受けた美唄市役所・経済部観光振興課の佐藤政直さんに相談する。災害復興などのボランティアにも取り組む職員で、事情を説明すると協力を約束してくれた。本来は、個人情報保護のために簡単には動いてもらえないが、該当者が見つかり相手先から了承が得られたら開示して頂く、という条件の下でスタートする。

そして我々は、いつもの如く、足で稼ぐ。畑の中に民家や工場などが点在する美唄市茶志内町で、地どり取材の開始だ。しかし、時代の流れか、高齢者が暮らしている家庭は少なく、戦前、戦中の話など、誰も取り合ってくれない。佐々木姓の方はいたが縁故はなかった。市役所の佐藤さんを始め、地元の報道機関や議員などにも協力してもらったが、手掛かりをつかめないまま年を越してしまう。

美唄から離れている間、伊東大隊長や生き残りの兵士らが残した記録などを精査した。伊東大隊のうち、糸満市の照屋、国吉で戦没した佐々木姓の兵士は高喜さんひとりだけで、苗字だけでなく中隊名も刻んであることから、佐々木高喜軍曹の万年筆である可能性が高いと判断している。

還ってきた万年筆

翌二〇一八年の夏も、学生たちと地どりを再開すべく美唄市を訪ねた。その時、先述した同市役所の佐藤さんが教えてくれた。

「隣町の奈井江町（旧・奈井江村）にも、美唄と同じ茶志内という地名がありますよ」

その足で奈井江町の社会教育センターへ向かう。そこに併設された図書館で小学校の古い卒業名簿を調べると、高喜さんの兄弟らしき人の名前があるではないか。

一年前の苦労が嘘のように、光明が見え始める。各方面へ問い合わせるのと同時に、手掛かりがありそうな地区をグーグルマップのストリートビューなどでも調べたところ、高喜さんの甥・喜一さんのお住まいが判明した。

胸の鼓動がおさまらないまま訪ねてみると、そこはなんと新築のアパートに建て替わっていた。落胆しながらも、近所の方々に消息を聞いてみる。

「優しいお婆ちゃんがいてね、家庭菜園でつくった野菜をくれたりしたよ」

喜一さん夫妻はすでに亡くなっていたが、「すぐ近くに親類がいるはず」との情報を辿って、ついに高喜さんの姪・順子さん（六九歳）と対面することができた。遺族が空知地方や札幌近郊に点在していることがわかり、本家とされる岩見沢市の佐々木悟さん（五九歳）宅へ連絡する。

すると、奇しくも八月一五日、親類縁者が集まって、高喜さんたち先祖の慰霊をする予定があるという。「そこへ届けてほしい」との申し出を受けて、七三回目の終戦記念日の朝、一五人もの親族が集まった佐々木家のもとへ手紙と万年筆を届けた。

受け取ってくださったのは、高喜さんの姪・由喜子さん（八九歳）、甥・幸雄さん（七一歳）ら。まず、万年筆を手渡し、終戦直後に届かなかった伊東大隊長の手紙も、改めて手渡しする。

返還に同行した、学生メンバーの後藤麻莉亜が、手紙に同封されていた大隊長の詫び状を代読し、遺族へのメッセージも伝えた。

「奇跡のようだ」

七三年ぶりに叔父の分身が帰還したことを喜ぶ佐々木家の一同。還ってきた万年筆を握りしめた由喜子さんは、年齢の近かった叔父・高喜さんの面影を涙ながらに偲ぶ。

「物静かで優しい人だった。幼い頃、菓子を売る行商から、一緒に飴を購入したことが懐かしい」

幸雄さんも、「高喜さんの母・リノさんが息子の想い出がこもった庭石を抱きながら、泣き叫んでいた姿が忘れられない」と記憶を辿っていた。


【佐々木家一同の言葉】

手紙をしたためてくださった伊東孝一さまを始め、万年筆を見つけてくださった国吉勇さま、遺骨収集ボランティアの学生さんたち、行政機関、報道関係者の皆さまの努力と執念、ご苦労が積み重なって生じた奇跡で、大切な遺品と手紙を受け取ることができました。心よりの御礼を申し上げます。

七三年間も、亡くした部下とその遺族を想い続けてくださった伊東さまには、感謝してもしきれない気持ちです。二四歳で一〇〇〇人近い部下を引き連れ、地獄の戦場となった沖縄戦に挑み、戦後は亡くした部下のことを片時も忘れずに、その重圧を背負って暮らされた心労は私たちには計り知れません。

できれば、肩の荷を下ろされて、安らかに余生をお過ごしくださいませ。ありがとうございました。

「これからの世は、生きて居ても、さほど幸福でもありますまい」

阿《あ》子島《こじま》基《もとい》 一等兵（享年二二）
糸満市照屋で戦死（四五年六月一七日）

故郷の夢を見た兵士の運命

部下の進言を受けて移動し、新たな大隊本部とした壕。ここは天然の要塞のような形状でもあった。その入り口から約七メートル入った洞窟の曲がり角に爆風除けを作り、そこに歩哨の小銃兵を配置して敵の来襲に備える。

今は、この壕を守るのが精一杯だ。今度、制圧されたら最後だろう。すでに無線機は破壊され、夜に連隊本部へ伝令を出したが戻ってこない。最後の命令を受領すべく、何度も部下を派遣するが、誰も帰ってこなかった。仕方なく歩哨のすぐ近くに位置し、敵兵からの防御に自らも身を投じる。

同じ頃、照屋の必殺陣地への攻撃も熾烈さを増し、第三中隊の中山慶松伍長も分隊の部下たちと米軍の掃討作戦に苦しめられていた。通りに面した壕口に忍び寄ってくる米兵が、黄燐弾を撃ち込み、手榴弾も投げ込んでくる。阿子島基一等兵は、壕の奥に押し込まれながらも、侵入してこようとする敵へ小銃弾を浴びせかけた。

そこへ、突然の火炎放射。目の前に炎が迫るが、上官の中山伍長と濡らした毛布を広げて遮る。生地がジリジリ焼かれる音と、焦げ臭い嫌なにおいが鼻を突く。指先が炎にさらされて感覚がなくなってくるが、手を離したら一巻の終わりだ。

ここ数日、同じような攻撃が繰り返されていた。昼間は執拗な洞窟戦を挑まれて壕の奥へ押し込まれ、夜になって敵兵が引き上げた後、水を汲みにいったり、芋を掘りにいったりする。

この消耗戦はいつまで続くのだろうか……。膝を抱え、壕内の広間の壁にもたれていたら、いつの間にかまどろんでいた。何度も浮かぶ故郷の街と優しい母や姉の夢。そこで、戦場の泥水でなく、北海道の冷たく美味しい水を腹一杯に飲む。

夢の中で故郷に帰り着き、父母と再会を果したり、手作りの食事に舌鼓を打ったりした者は、例外なく戦死する。そうまことしやかにささやかれていた。父母や妻と抱擁できたり、食事を口にしたりする直前に目覚め、思いを果たせなかった者は生き永らえる、とも。

自分の夢はどちらなのか……。阿子島一等兵は、並んで壁にもたれている同郷の金岩外吉上等兵に話しかける。

「俺もよく故郷の夢を見るよ。でも、手が届かないほど遠く感じる」

壕内でゆらゆらと揺れるランプの灯が岩壁に浮かび上がらす自らの影を見つめながら、金岩上等兵がつぶやく。

「なんだよ、縁起でもない」

中山伍長が笑いながらとりなした。

翌日も攻撃が続く。外の敵と距離があるので、入り口から身を乗り出して迎え撃つ。足元には空き缶が五〜六個置いてある。米兵が夕方引き上げる時に並べて行くのだ。これを夜間、蹴飛ばして散らかしたり、片づけたりすると、必ず朝から攻撃を受ける。洞窟内にいる日本兵の動向を調べるためのトラップだろう。

金岩上等兵が、そのひとつに蹴躓《けつまず》いた。カラン、カラカラとけたたましい金属音。その瞬間、壕口の上の斜面から、手榴弾か爆雷を投げ込まれた。

とっさに奥へ逃げ込もうとするが、ズシン、という鈍い爆発音が響き、激しい爆風と衝撃が襲ってくる。阿子島一等兵は壕内に吹き飛ばされ、金岩上等兵は壕口で土砂に埋もれた。中山伍長が駆け寄るも、微動だにしない。二人とも即死だった。


戦没者の阿子島基さんは氏名が珍しかったゆえ、すぐに遺族が見つかるものと考えていたが、そうは問屋が卸さなかった。

高木乃梨子が中心となった学生メンバーらで、道内に住む阿子島姓の方々の電話番号を調べて、片っ端からかけていく。が、戦没者の身元について尋ねても、「知りません！」と言われるばかりで、埒が明かない。

哲二の古巣である朝日新聞社の支局にも協力を仰ぎ、所蔵する古い住宅地図を見せてもらった。

すると、安平《あびら》町に阿子島姓の家があるではないか。訪ねてみたら、今は所縁のない人が入居しているという。

そこから徹底した地どりを開始。お盆の時期で商店が閉まっているので、近所の菜園で野菜を収穫していた女性や庭掃除をしていた夫妻らに声掛けし、町内の美容院に親類がいることを突き止めた。

が、残念ながら、美容院にはお盆休みの張り紙がしてある。休暇で旅行に出ているとのこと。それでも、できるだけ粘りたい。近所の人に連絡先を伝えて待機していたら、その日のうちに、他市に引っ越していた姪・美鈴さん（六五歳）から電話があり、会ってもらえることに。親類を通して話がつながったのだ。

母・阿子島マサノさんからの手紙、基さんの姉・ヨシさんが代筆（一九四六年六月一四日）

北海道の野にも山にも、さわやかな初夏の薫風が吹いて居ります。

小鳥はなき、花々は咲き、白い蝶は其の喜びに躍って居ります。

隊長様、御復員おめでとう御座居ます。

我が弟になる基、色々お世話様に相成り、幾重にも御礼申し上げます。母の手一つで育てられし弟、きっと皆さまに御めいわくをおかけ致した事と存じます。母共々おわび致します。

昨年の十一月には長男の戦死を、又この度は次男の基の戦死を、三男が復員致し、四男は千島にて生死不明です。

昭和九年に父死亡後、十五才を頭に、七人の兄弟を母の手一つで育てられました。

父死亡と共に破産致し、無一文での生活の、母の苦労をお察し下さいませ。母は、子供が大きくなったらと、それのみを楽しみにして、辛酸ものともせず、労働致して居りました。

だが此の度の戦争で、男兄弟四人全部が現役服役。度重なる苦労にすっかりやつれし母。

長女の私は勤めて居りましたが、胸の病にたおれ、ブラブラ致して居りましたが、生活の窮迫に、又々、勤務致したのです。

その為、益々の病の進行に、ついに退職。今また静臥の身となり、たいくつの毎日を送って居ります。母をなぐさめる立場の私迄が、母の悲しみを増すのです。母の相談相手として、まだしばらく生きたいのですが……。

母は、唯々、グチを言って居ります。これからの世は、生きて居ても、さほど幸福でもありますまい、とて、言い聞かせるのですが。

復員された方が、チョイチョイいらしては母をなぐさめて下さいますが、何としても心の淋しさは致し方ありません。

隊長様、どうぞ弟の分も、いやいや部下の分も、再建日本の為に御励み下さいませ。沖縄の弟が、草葉の陰で、きっとあの大きな双眸に、万斛の哀愁を含んで、その成功を祈って居る事でしょう。

誰かの言に、人は困難と逆境にある事を決して怨むべきでない。むしろ人類の真剣なる努力を即発する、神の偉大なる賜として天に感謝すべきなりと。

何かしらぴんと来る言葉ではありませんか。

私は寝ては居りますが、若い方々にいつもお願い致すのですよ。あなた方が最重要なる国家再建者ですから、と。

体は思うように使えませんが、口だけは達者です。健康であったらと、それのみ残念で、残念でなりません。

何だかくだらぬ事ばかりを書きならべまして、すみません。隊長様の御成功と御健康をお祈り致して、ペンをおきます。

昭和二十一年六月十四日

（母）阿子島マサノ

伊東隊長様
二伸　基の写真、其の内、焼増しを致し御送付致します。

姪の美鈴さんは、基さんの弟で三男の弘さん（享年六二）の長女である。手紙の返還に同席してくれた母（弘さんの妻）・靜江さん（九一歳）によると、基さんの父は金の採掘師だったが、大金を掘りあてることもなく死去。その後、一家は破産に追い込まれる。

そのためマサノさん（享年七二）が、いつも午前三時頃から野良仕事に従事。帰宅後は鉄道員の下宿で賄いの仕事もして、子供たちを育てあげた。母の仕事の関係から、旧国鉄の機関区（車両基地）に勤めることになった基さん。それがマサノさんの自慢だったそうだ。

阿子島家の七人きょうだいの長女・ヨシさん（享年二八）は、電話の交換手をしながら家計を助けた。母を支えながら、弟や妹たちを可愛がるしっかり者の姉で、マサノさんの手紙の代筆も務めている。

しかし、基さんを含めた、四人の息子たち全員が兵隊に取られる。

「敵国の宗教を信心していたからね……」

と、マサノさんは嘆じていたそうだ。阿子島家はキリスト教を信仰していた。

返信の手紙の中でヨシさんは、戦中、戦後に家族が被った辛苦への理解を、伊東大隊長へ切願している。叙述は丁寧だが、母の心中を代弁しているようにも読み取れる。

その後も家計を助けるために働き続けたヨシさんは、結核に冒されて肺を病んでしまう。自宅などで療養していたが、生活が困窮したので再度、働き始める。が、病が悪化して退職を余儀なくされ、母の悲しみを増す存在となってしまったことにも苛まれていたようだ。

家族のために自らを顧みなかった長女は、終戦から四年が過ぎた頃、「お世話になりました。さようなら」との言葉を残して早逝した。傷心の母を最後まで支えきれなかったことを詫びながら。

「息子の帰りを、一日千秋の思いで待って居りました」

金岩外吉 上等兵（享年二一）
糸満市照屋で戦死（四五年六月一七日）

金岩外吉上等兵の父・理左ヱ門さんの手紙は二〇一九年八月、甥の兄弟のもとへ届けた。四男八女、一二人きょうだいのうち八番目だった外吉さんは三男坊。姉たちに可愛がられて育ったという。

父・金岩理左ヱ門さんからの手紙（一九四六年六月八日）

此の度は、故外吉の事に付きまして、御丁寧なる御便りを下さいまして、家内一同、感激致して居ります。
私達も戦争中は、心を併せて協力致しましたが、残念ながら敗戦の詔書を拝しました時は、二人の子供を戦地へ出して居る親としては、何と申して良いやらわかりませんでした。
息子の帰りを、一日千秋の思いで待って居りました今日、突然貴官殿より戦死の報。一時は途方に暮れましたが、此れも故外吉だけで無く、私達の様な運命の方も世間には沢山ある、今は一人位の事ではと思い直し、家内一同増産に励んで居ります。
早速お伺い申して、当時の状況をお聞き致したいのですが、何しろ遠い地の事では有り、家庭の事情の為、其れもできず、残念に思って居ります。尚、故外吉の写真を同封致しましたから、御受納下さいますれば幸甚に存じます。
最後に、末筆では有りますが、生存中は故外吉が御世話様になりました事を、家内一同、衷心より御礼申し上げます。
貴官殿も、終戦後は色々と御多忙中にもかかわらず、わざわざ戦死の状況をお知らせ下さいました事を、幾重にも御礼申し上げます。貴官殿の御健康をお祈り申して居ります。
乱筆乱文にて、御免下さい。
六月八日
金岩理左ヱ門
伊東孝一様
二伸　故外吉の兄、利治も、南方方面に出征中なるも、未だ帰還せず。毎日、心秘かに待って居ります。

甥たちの母である理左ヱ門さんの五女（享年七七）は戦後、弟の慰霊のために何度も沖縄を訪ねたそうだ。その折々、復員した中山慶松さんの案内で、外吉さんの足取りを辿っていたという。中隊がこもっていた壕口で献花する写真なども残っており、帰ってこなかった弟を想う家族の悲しみが、時を超えて伝わってくるようだ。

父の理左ヱ門さんは当時、北海道で盛り上がったゴールドラッシュに夢を託して、金の採掘をしていたという。道内だけでなく、東北地方などへも足を延ばして、一代で貯えを食いつぶしたらしいよ、と甥たちは苦笑する。

「母として、確報を受けないうちは、若しやと思い」

多原春雄 伍長（享年二五、推定）

糸満市照屋で戦死（四五年、日付は不明）

地元徴用の女性「賄いさん」の活躍

新しい大隊本部壕には、負傷者と、炊事を担当する地元の賄いの女性らが十数名ほどいた。そこへ私たちが加わって三〇人余りとなる。乱戦、混戦の内に途絶えていた所属各隊とも連絡が取れるようになってきた。

というのも、六月一八日を境に、敵の主力部隊は南下を図ったようで、国吉台地への攻撃を緩めていたからだ。その結果、照屋高地の陣地には第三中隊や機関銃中隊などの約四〇人が集結しており、国吉に点在している残存兵を合計すると、第一大隊だけで一〇〇人前後の兵士が生き残っていることがわかった。

しばらくして、沖縄守備隊を束ねていた第三二軍の牛島満司令官が六月二三日、摩文仁の司令部で自決したとの報が届く。そのほぼ一週間後、隷下の第二四師団長である雨宮巽中将も自決。

司令部の最後の命令が気になり、歩兵第三二連隊の本部へ伝令を出すと、連隊長は無事で七〇人ぐらいの部下と洞窟戦を続けているそうだ。

師団司令部の生き残りなどから洩れ伝わってくる内容では、「各部隊は現陣地を死守し、最後の一兵まで敵に出血を強要せよ」との命令だという。だが、連隊長からは何も発令されない。従って、師団の命令に準じたいが、生き残った約一〇〇名の部下の多くは負傷兵で、兵器も小銃が十数挺に過ぎない。これでいったい何ができようか。敵に出血を強要する力は、体力とともに日毎に衰えていく。

そして、食料の欠乏は深刻さを増すばかりだ。当初は、敵から奪った糧食、民家に棄てられてある食材、陣地周辺の甘藷が露命をつないでくれていた。しかし、徐々に、昼間は敵の掃討を防ぎ、夜に主食の芋を掘るだけの生活になる。

比較的元気な兵が炊事を担当し、賄いさんたちと一緒に甘藷を掘りにいく。彼女たちは戦闘が激しい時は壕奥に隠れているが、命をつなぐ暮らしにおいては、持てる力をいかんなく発揮してくれた。わずかな星明りで葉や茎を見るだけで、甘藷の良し悪しを判断する技には舌を巻く。我々が、逆立ちしても敵わない。

私はそれまで、女性を軽んじていた。妻がいると男の力が二分され、子どもができると四分される。それを信じて唱えていた無妻論者であった。その考えが根底から覆されたのだ。女は邪魔な存在どころか、男にはない強靱な力を持っていることを思い知らされた。自らの認識の甘さに恥じ入った次第である。

第一機関銃中隊に所属していた多原春雄伍長は、戦死した日時がはっきりしていない。伊東大隊長の記録によれば、糸満市照屋で六月上旬に亡くなったとされているが、生き残りの兵士らは「三月もしくは四月かもしれない」と証言している。

同じ大隊の砲兵砲小隊に、似た呼び名の「俵《たわら》さん」という兵士がいた。二人とも照屋で陣地づくりに従事し、その近辺で亡くなるか消息不明になっている。ゆえに、混同された可能性も捨てきれない。

手紙は当初、道央に住む姪へ返還を試みた。沖縄で戦没した北海道出身の多原姓の兵士が他の連隊を含めて二人いるので、地どりしながら自宅を訪ねたのだ。が、突然の訪問でもあり、応じてもらえない。

ただ、春雄さんの実家近くの方が母・サヨさん（享年八七）を覚えていたのと、たまたま買い物から帰宅したもうひとりの姪の夫らに事情を説明し、必要ならば連絡をもらえるように託しておいた。

半分諦めの境地で、自宅がある青森へ向けて車を走らせていたら、甥の妻・多原良子《りょうこ》さん（七〇歳）から連絡が入る。手紙を受け取ってくれるというのだ。義祖母・サヨさんが素晴らしい方だったらしく、「ババちゃんのためなら、是非に」と強い口調で言ってくださる。

メンバーの後藤麻莉亜、高木乃梨子と一緒に、自宅を訪ねた。手紙は後藤が朗読。良子さんの長男・順也さん（四九歳）、次女・亜希子さん（四四歳）が同席する。

母・多原サヨさんからの手紙（一九四六年六月六日）

謹啓

今般は、御丁重なる御信書、御弔慰に接し、恐縮に存じます。

同封下さいました沖縄の土砂も、大隊長様の優しきお心づかい、母として本当に嬉しく、春雄の霊として早速仏壇に供え、ねんごろに弔い致します。

永い間、苦しい戦に心身共にお疲れの処、詳しくお知らせ下さいまして、誠に有難う御座いました。

軍人として出征時より、戦死は覚悟しておりましたが、新聞に、ラジオに、沖縄の戦況は承り、到底、生きてまみえることはむずかしいと断《さだ》めながらも、母として、確報を受けないうちは、若しやと思い、望みをかけておりました。

我が子の死に、悲しくないことはありませんが、壮烈なる戦死と承り、すっかり断めがつき、胸のおもりも、取り除かれた様で御座います。

春雄の兄があり、中支方面に六年間、兵として御奉公させて頂き、一昨年春、無事帰還致し、家事に従事致しておりますれば、他事ながら、私の行末は心配なく、御安心下さいませ。

仰せにあまえ、春雄の写真、同封致します。御受納下さい。

御申し越しの、仝（同）隊の御遺族に、お住いの所を聞き合わせまして、お知らせ致します。

暑さに向います折柄、特に御自愛下さいませ。

乱筆乱文にて御免下さい。
六月六日
かしこ
多原サヨ
伊東孝一様

「ババちゃんの書いた手紙で、春雄叔父さんのことを知ることができるなんて……」

思わず涙ぐむ良子さん。夫・順俊《のりとし》さん（春雄さんの甥）は、二〇一八年に亡くなったが、サヨさんや春雄さんらの遺影や位牌などは、良子さんが守り続けているという。

さらに、中国から復員した義父・順一さん（春雄さんの兄、享年九二）が、出征時に所持していた日の丸の寄せ書きが戦後、米国から返還され、手元に残っていた。そこには春雄さんが記した「兄貴頑張レ」という一語も読み取れる。

良子さんが、日章旗を広げてくれた。

「叔父の事は何もわからないのです。ただ、ババちゃんが口癖のように、〝春雄は生きて還れなかったけど、私にずっと親孝行してくれているのよ、遺族年金で……〟と誇らしげに話していた姿が忘れられない」

ここで後藤が、春雄さんが戦ったと思われる場所で見つかった遺骨とのDNA鑑定を提案する。

「えっ、春雄さんの遺骨って戻ってきていないの！　てっきりババちゃんが迎え入れて、お墓に入っていると思っていたのに……」

良子さんが目を見開く。

DNA鑑定には検体サンプル（試料）が必要だが、良子さんには戦没者との血のつながりはない。甥にあたる夫の順俊さんが死去されているので、試料の提供は協力的だった姪へお願いすることになった。良子さんと順俊さんの子どもたちでは少し遠くなるので、春雄さんと血のつながりが深い姪のほうが、DNA鑑定の確度が高くなるからだ。問い合わせてみると、快諾してくださった。

遺族のひとりはアイヌ民族

こうしたやりとりの最中、多原家の応接間を見回していた高木が、ふと声を上げる。

「アイヌ民族関係の書物が並んでいますけど、ご興味があるのですか」

確かに書物だけでなく、民族衣装や装飾品なども数多く飾られてあった。

良子さんが、少しはにかむように答える。

「実は私はアイヌ民族なのです。夫は和人ですが、子どもたちにもアイヌの血が流れています」

予期せぬ返答に一同、思わず息を呑んだ。

良子さんは、先住民族・アイヌ文化の継承者で、その複合的な差別問題を解消する活動にも取り組んでいる。長女の香里さんは、二〇〇五年の衆議院議員選挙に新党大地から出馬、〇七年には民主党などからの推薦を受けて参議院議員選挙にも出馬している（参院選では北海道選挙区で六二万票余りを獲得するも落選）。

〝ババちゃん〟こと義祖母・サヨさんの手紙を広げる良子さん

大隊長へのメッセージも頂き、すべての手続きを終えた後、良子さんがおずおずと口を開いた。

「私、沖縄へ行って、叔父の慰霊をしたい。案内して頂けますか。そして可能ならば、骨の一片でも、遺留品のひとつでも見つけて、ババちゃんのお墓に入れてあげたい。あんなにも春雄さんのことを想い続けていましたから……」

終戦後、地上戦を体験した沖縄のウチナーンチュと北海道のアイヌたちは、過酷な戦場で助け合ったことや、差別を受け続けた互いの境遇に共感して、交流を続けている。

だが、良子さんは今回、和人である義理の叔父の慰霊のために沖縄を訪ねたいという。二三年二月、雪交じりの新千歳空港を後にした多原一家は、気温が二五度近くまで達した亜熱帯の那覇空港に降り立った。

まず、二年前まで一一人の戦没者が埋もれていた糸満市内の壕を訪ねる。そこで、義祖母や義父、夫らの写真を並べながら、花を手向け、水や菓子を供えた。仏式で手を合わせた後、アイヌに伝わる祈りを捧げる。掌を上にして、空を優しく撫でるような仕草をし、お供え物の水と菓子は封を開けて大地へ分け与えた。

そして、叔父が所属する中隊が構築し、そこで戦ったとされる壕の野戦陣地で、遺骨収集をする。その時に掘り出した二本の薬莢の土を払い落し、優しく掌に載せた。

「これも、叔父が撃ったのかもしれない」

良子さんが、第三中隊の賄いだった玉城朝子さんと会ったら、どんな話をするのだろうか。そう密かに考えていた。

多原伍長が所属した第一機関銃中隊と朝子さんが賄いをしていた第三中隊は、照屋の陣地を一緒に構築し、ともに戦うことが多かったという。朝子さんはそこで食料調達などの手伝いをしていたので、もしかしたら多原伍長の様子を覚えていたかもしれない。

朝子さんは戦後、「サンマデモクラシー」で有名な沖縄のおばぁ、玉城ウシさんたちと一緒に、魚の卸売業をしていたという。

外で生活費を稼ぎながら、家事や子育てもこなし、ついでに亭主も養う――。伊東大隊長が述懐したように、戦中、戦後を含め、沖縄女性の生活力は侮りがたいものがある。

残念ながら、朝子さんは二二年の末、新型コロナウイルスに感染して逝去された。

「叔父たちがお世話になった当時のことだけでなく、その後の人生も含めて、学ぶべきことがいっぱいあったはず。命を産み、育むだけでなく、家族の暮らしを支え、守り続けた女たちがいたからこそ、日本は復興できたのです。昨年だったら会えたのですね……。コロナを恨みます」

良子さんは悔しがった。

「白木の箱を開けると、石ころが一個。それだけだったのよ」

木川英明 上等兵（生年月日は不明）
糸満市照屋で戦死（四五年八月二〇日）

行き場を失い、死に場所を求めて

「……敵に出血を強要せよ」

師団長の最後の命令が心に重く圧し掛かる。傷病の兵たちと同じく、自らもアメーバ赤痢による下痢に苦しんでいた。

本音を言えば、全身が衰弱して胃も痛み、歩くのがやっとだった。この状態で、どうして任務を果たせようか。しかし、指揮官はどんな時にも弱音を吐いてはいけない。一日でも早く体力を回復させるため、毎夜、陣地の周辺を歩く。最初は三〇〇歩だったが、やがて一〇〇〇歩も歩けるようになる。

それには目的があったからだ。密かに決めていた攻撃目標の小禄飛行場まで、動ける部下を連れて最後の襲撃を実施する。目標までは八〇〇〇歩は歩まなければならない。

もっと鍛えねば、と心は逸るが、肝心の身体がついてこない。負傷していたり、病気で臥せっていたりする部下に、ただ攻撃せよとは言えない。今度がまさに最後なので、自らが先頭に立って……という思いだが、身体の回復は遅々として進まなかった。

加えて、自然洞窟に置いた陣地は絶えず雫《しずく》が降り注ぐ。そのため、身体は常に濡れネズミの状態で、虱が無数にたかる。もう心身ともに限界が近かった。しばらくすると、連隊本部から中尉がやってきて、今後の進退についての意見を聴取される。

それは、食料の欠乏と関連があり、二つの対策が考えられた。

①現在地周辺で兵力を広範囲に分散

②国頭へ突破

今の陣地の周辺にある甘藷は五月以前に作付けされたので、九月以降には食べるものがなくなると予想される。このままでは長期持久は難しいので、広範囲に分散すれば食料問題も少しは軽減できるが、体力の衰えは止めようがない。

太陽を仰ぎ、健康を回復して、戦闘を継続するには本島北部の国頭しかない。それには、敵の幾重もの囲みを突破しなければならない。絶対に行けぬことはないが、兵数はかなり減るだろう。

我が大隊としては、条件付きで国頭案に同意した。それは、現有の兵器、弾薬を結集し、一部の精鋭をもって敵に出血を強要。その後に国頭へ向かうというもの。端的に言えば、決死隊を募って飛行場を襲撃し、最期を飾ろうという腹案だ。大隊の半数が志願し、樫木副官も加わっている。

とても戦えない身体の部下の志願をはねつけた結果、半数になった。私と同様、果たして戦闘に耐えられるかどうか疑わしい状態の兵からの名乗りもあった。こんな事態になっても、闘志を燃やす将兵の心意気に胸が熱くなる。と同時に、決死隊に加わりたい将兵は、死のきっかけとその場所を求めているのだと察した。惨めに朽ちるだけの最期は誰も望んではいない。

だが、連隊本部から下された命令は、組をつくって国頭へ行け、というだけのものだった。無念にも案は通らなかったのだ。その夜、連隊長に直談判するも一蹴される。まさに痛恨事、死に場所を失い、すべての希望が打ち砕かれた想いである。

仕方なく、我が大隊からも何組か国頭へ出発したところで突然、中止された。前田西北高地で洞窟戦を続けていた第二大隊と連絡が付き、突破が不可能であると判明したのだ。その結果、「神機到来を待つ」という珍妙な命令が出される。

死に場所を見つけられない悔しさに、眠れない夜が続く。

我が軍がこんな状態でも、敵は残存日本兵のゲリラを恐れ、夜になると照明弾を打ち上げている。ある夜、糸満の海岸で盛んに打ち上げられ、「友軍の逆上陸か！」と色めき立ったが、翌日以降、なんの変化もなかった。


ただ生き延びるだけの日々の中、壕口で歩哨をしていた兵が突然、叫び声を上げながら小銃を発射する。

「敵が来た、敵が来た！　後ろにいる、寝台の下からも来た！」

大声で喚き立てるので、とっさに敵が侵入してきたかと身構えた。

だが、何も起きていない。日々の恐怖が嵩じて精神が錯乱したのだ。小銃と手榴弾を取り上げて、壕の奥へ追いやる。肌身離さず持っていた自決用の手榴弾は返してくれ、と申し出るが、聞き入れられない。時には正気で、時には狂っているのだ。

この沖縄の戦場は、忍耐強い日本兵をも錯乱させるほど、激しくつらい戦いであった。我が大隊の将兵たちは日が経つにつれ、一歩また一歩と地獄への道を歩み始めていた。

八月のある夜、第一中隊の生き残りの部下たちが、大隊本部壕に来た。食料はあるかと聞くと、何もなく困っているという。彼らの壕が危険なのを心配してあれこれ注意すると、一両日中に本部壕へ移りたいと申し出てきた。

その翌日、敵の「馬乗り攻撃」を受け、全員が火傷を負う惨事があった。壕口を爆破されて閉じ込められ、外から削岩機で天井に穴を開け、内部へガソリンを流し込まれて火をつけられたのだ。ひとりの重傷者が、傍らに戦友がいるのにも構わず手榴弾で自決を図ったので、一緒にいた賄いさんも犠牲になる。

壕が危険であると認識してはいたが、隠し持っていた二俵の米に惹かれて、離れられなかったそうだ。食料がないと嘘をついたのも、米を取り上げられるのを恐れたからだという。親の心子知らずだなぁ、としみじみ副官と語り合う。

「大隊長殿、日本は負けました」

八月半ば、今宵も米軍の赤い曳光弾の対空射撃が始まる。が、いつもと違って、何万とも知れぬ曳光弾の火網で沖縄全島が覆われて行く。これに混じり、照空灯（サーチライト）の白い光芒が放たれ、その数も計り知れない。これまでならば目標の特攻機などへ集中するはずが、逆に四最初は友軍機の大空襲かと胸を躍らせたが、爆音や破裂音がまったくない。防空演習でもやっているのか、空前絶後の花火大会のようでもあった。

後に知ったことだが、この日こそ日本が無条件降伏した八月一五日だった。

そして、忘れもしない八月二二日のこと――。壕の入り口で叫び声が聞こえる。意識を集中させていた副官が眉根を寄せて報告する。

「大隊長殿、と言っているようです」

確認したら、五月に一四〇高地で行方不明になっていた伍長だった。

「大隊長殿、日本は負けました」

「なぜ、お前がそれを」

咎める口調で問う。

「自分は島の南端で敗戦を知り、投降しました」

伍長は、こちらの目を見つめながら、緊張した面持ちで続ける。

「大隊長殿に日本の降伏をお知らせしたい、とやってきました」

さらに、切り出しにくそうに言う。

「米軍の将校が来ています。会ってください」

「会おう」

躊躇なく応じる。

すぐ近くの岩陰から、米軍のモス中尉と日系二世の通訳が出てきた。

そして、紳士的でありながらも毅然とした口調で、

「日本は降伏したから武装解除せよ」

と通告してくる。

慎重を要することなので、連隊長と相談なく深入りするのを避けた。明後日まで返事の猶予を求めると、モス中尉は承諾した。

宵を待って、本部へ。紆余曲折があったが連隊の軍使に指名される。訪ねてきた伍長と英語ができる見習士官を従え、再度、モス中尉と会う。

「日本が降伏した証拠を示してくれ」

「終戦の詔勅の録音と日本のラジオ放送を聞かせよう」

返事をしないでいると、中尉はさらに畳みかけてくる。

「八原大佐らが捕虜になっている」

「では、八原大佐に会わせてほしい」

「駄目だ。すでにハワイへ送られているかもしれない」

「会わせないならばこの談判は取りやめだ。再度、戦うしかない」

決裂寸前となり、案内した伍長が泣きだしそうになっている。

少し間を置いて、中尉が要求を呑んだ。

「会わせよう」

この辺が手の打ち所と思い、同行することに応じた。

米軍のジープに乗って、第一〇軍司令部のある嘉手納へ向かう。

すべての山々は珊瑚礁の岩肌がむき出しになっており、強大な砲火の破壊力に驚く。道路は幅広く改修され、ペンキで描かれた道標が次から次へと展開する。そこを大小のトラックが無数に行き来している。

我が大隊には、車両など一台もない。大隊砲や重機関銃などの運搬は、馬もしくは人力。最後のほうは、すべて人力だった。米軍では約四万五〇〇〇台の車両が作戦に使われた、と通訳が誇らしげに言う。

米軍の情報部で録音された終戦の詔勅を聞く。

「堪へ難キヲ堪へ……、万世ノ為ニ太平ヲ開カムト欲ス」

三度繰り返して拝聴。これは、紛れもない日本人にしか作れぬ文章で、敵の偽文とは思えない。また、残虐な新型爆弾が使用されたことを知らされる。

内地からのニュースは、寺内寿一元帥陸軍大将ら幕僚が米軍の将軍のもとへ行くこと、ボルネオの日本軍中将が、「正式な調印が済むまで降伏できぬ」と言い張っていることなども伝えていた。それが終わると童謡が聞こえてくる。懐かしい内地の歌声だった。

そして、八原大佐と面会。モス中尉は席を外し、二人だけにしてくれる。

大佐は、ニューヨークタイムズ紙を示し、ソ連の満洲侵攻から終戦直前までの状況を話してくれた。

「確たる証拠はないが、日本は降伏したと信ずる。部下に無益な死傷者を出さないよう、決心しなさい」

諭しながらも、眼には涙を宿している。

そして、話が終わるのを見計らって現れたモス中尉に伝えてくれた。

「伊東は、日本で最も有能な大隊長である」

その夜、日本兵の仮収容所に身分を隠して泊まり、捕虜の会話に耳を澄ませる。その内容はすべて、日本の敗戦を信ずるに足るものであった。

翌朝、沖縄本島南端の摩文仁海岸の軍司令官と軍参謀長が自刃した地を訪れる。眼下に太平洋の碧海が見え、はるか遠くへ続いていた。珊瑚礁の切り立った台地に白木の墓標が二本並んでいる。そこへ静かに頭を下げた。


北海道にはかつて、『北海タイムス』という地方紙があった。一九九八年に廃刊したが、沖縄戦の遺族会とつながりが深く、戦後二〇年の節目となる六五年を前に、沖縄戦に関する特集記事「あ、沖縄」を連載している。

長期にわたる調査と記録は、著者である清水幸一記者の熱意と苦労が窺える力作。従軍した兵士への聞き取りや読者の寄稿などをもとに取材、構成されており、おもに下級兵士の視点から、戦闘の模様が生々しく描かれている。

それが道民らに評判となって、読者からの問い合わせや情報提供が続出。沖縄戦の遺族だけでなく、中国大陸やアジア・太平洋の島々で戦没した兵士の遺族らも、紙面に再現されるすさまじい状景描写を食い入るように読んでいたという。

連載記事はなんと、二六七回を数えた。その間、沖縄戦で家族や友人を亡くした人たちは、時には目を覆いながら、涙を拭いながら、関係者の名前が出てこないかと、目を皿のようにして活字を追っていたそうだ。

手紙返還で現代の遺族を探す困難に直面していた我々にとっても、この記事は宝の山のような存在だった。沖縄戦の証言が参考になるだけでなく、文中に出てくる兵士の出身地や、新聞社に便りを寄せた遺族の氏名などが、ありのままに記載されているからだ。

膨大な記事の中から、木川英明さんの母・奈代《なよ》さんが、戦没者のために寄付をしたという記述を発見する。そこから、遺族の住む街を絞り込み、英明さんの甥・邦明さん（六九歳）にたどり着いた。

そこで、まず手紙があることを電話で知らせ、伊東大隊長の部下への想いや遺族に対する気持ちを伝える。が、邦明さんは受け取りに消極的だった。

「英明伯父さんの名は聞いたことがあるけれど、会ったことはないし、手紙ねぇ……」

この時、すでに仏壇も整理して、伯父ゆかりのものは処分していたからだ。

ここで、手紙を書いたのが祖母の奈代さんであることを伝えると、受け答えする声が変わった。

「え、奈代ばっちゃんの手紙！　幼い頃、一緒の布団で寝かしつけられたんだよなぁ。うーん、ばっちゃんが書いたものならば読んでみたい」

一転して、受け取りを了承してくれることになった。

北国では冬の始まりとされる一一月の上旬。花びらのような雪が舞う、道央にある木川家を訪ねる。

返還の当日、街の電気屋さんを経営する邦明さんが、戦没者にゆかりのある親族を集め、迎えてくれた。英明さんの弟嫁や邦明さんの兄弟、室蘭で砲撃を受けた際、身体に弾の破片が残ってしまった母方の叔父たちである。

母・木川奈代さんの手紙（一九四六年六月一六日）

凌ぎ易き春も過ぎ、暑苦しい夏も段々と近づいて参りましたが、伊東様には、帰宅後、壮健にてお過ごしと、遠察致します。

此の度は、愚息、英明につき、種々の御高配、誠に有難う御座いました。

風聞に、戦死したとも知り居りましたが、幾何の危惧、何等の目安もつかぬ為、仏への供養もおろそかになりがちでしたが、向後は伊東様よりの沖縄の土を、英明の霊とし、あつく供養致す覚悟です。

今後も復員省の連絡、其の他の事で不明の点、お教え願います。

御依頼の写真、同封致しますれば、御受け取り下さい。

粗文悪筆ながら、先ず御礼まで。

草々

木川奈代

伊東孝一様

甥・邦明さんたちの話では、英明さんは五人きょうだいの次男。長男が夭逝したので、代わりとなって母・奈代さんを大切にする孝行息子だった。召集される前はコンクリート業を興し、復員後、事業を再開できるよう準備していたが叶わず、廃業せざるを得なくなったという。

奈代さんは読み書きができなかったので、手紙を誰が代筆したのか最初はわからなかった。親族一同で回し読みをした結果、邦明さんの父で英明さんの弟である邦輝さんが代筆したのではないか、と推測される。

「ところで、ばっちゃんの手紙は、伊東さんへの返信ですよね。これを見てください」

邦明さんが一通の色あせた封書を持ち出してきた。

それは、伊東大隊長が奈代さんに宛てた一九四六年の書簡。

「今年の一月、母が亡くなったのを機に仏壇を整理しようと思い立って、見つけました。最初は意味がわからなかったので処分しようかとも思ったんです。でも、残しておいてよかった。奈代ばっちゃんが導いた、不思議な縁を感じますね」

誰がなんのために出したのか、なぜ大切に保管されていたのかはわからなかったが、筆者夫婦からの連絡でその重要性に気づいたという。

親族一同から、英明さんと奈代さんの話が次々と出てくる。遺骨が入っているとされる白木の箱が、木川家に還ってきた時のこと。揺さぶるとカラカラと音が鳴る。開けると、石ころが一個。奈代さんは、「それだけだったのよ」と無念そうに泣いていた——、英明さんの弟嫁・菊江さん(八〇歳)がそう振り返る。

奈代さんは我が子の慰霊のため、本土復帰前の沖縄を一度だけ訪ねたことがあるという。パスポートを取得し、故郷の銘菓「きぬたもち」と地元で汲んだ水を携えて、東京から船に揺られた。当時の写真を見ると、着物姿でほほえんでいる。

念願だった沖縄への旅で、荒れ果てた岩山やジャングルを歩き、息子の戦った場所に餅を捧げ、故郷の水を供してきた奈代さん。ただ、帰る途中の経由地・東京で脳卒中になり、その後は寝たきりの生活になってしまったという。

私たちが、英明さんが戦没した糸満市照屋での遺骨収集に着手すると、二〇一九年に一柱、二一年に一一柱の遺骨を発掘できた。そのうえ、一九年の遺骨は国によるＤＮＡ鑑定で、木川さんと共に戦った伊東大隊の兵士であることが判明。二一年春にようやく家族のもとへ還ることができたのだ。

甥・邦明さんは手紙が返ってきた翌年、沖縄の平和祈念公園を訪問。

「伯父の名が刻まれた平和の礎をどうしても見たくて……」

初めて、英明さんの慰霊の旅へ出たそうだ。

エピローグ――奇跡の帰還

最後まで誇りを失わない部下たち

敗戦の事実は歴然としていた。今となっては一日も早く戦闘を終結させて、ひとりでも犠牲者を少なくすることだ。全力で戦うのと、見事な負けっぷりは、いずれ劣らぬ大事である。

連隊長以下、全将校に報告し、武装解除を受諾することが決まった。あっけないほど異論が出ない。そして、米軍との交渉を一任される。

武装解除の日は八月二九日を要望した。

「それまで陣地周辺の地域は、昼夜を問わず自由に行動したい。そのため、米軍が警戒兵を配置し、無関係な兵士の侵入を禁じてほしい」

快諾され、警戒のため飛行機を使用し、米軍将校と通訳をジープに乗せて国吉集落に配置するとのこと。だが、夜間は恐ろしいので引き上げさせてくれ、という。我が大隊が守り抜いた国吉台地周辺はそれほどの危険区域だったそうだ。少し溜飲が下がる。

暗く陰惨な洞窟生活から一転、自由に太陽を仰げるのは三カ月ぶり。弱り切った大隊将兵にとって無上の喜びとなった。武装解除を受けるため、各隊は山を下りて国吉集落へ集まってくる。いずれの隊も一〇名、二〇名まで減ってはいたが、きちんと隊伍を整え、敬礼し、残員と現状の報告をする。部下の顔は青白くすすけ、困憊の態は隠せない。軍服も色褪せて汚れ、至る所が破れていた。しかし、その態度と振る舞いに最後の気力が見て取れる。

我が大隊の生存者が約一〇〇名、配属諸隊は約七〇名おり、連隊本部全体では二五〇名を数えた。庇護下の住民も一〇〇名ほどいる。米軍はまず、負傷者の状況を聞きにきた。そして、重傷者をただちに病院へ運んでくれる。


大隊で生き残った笹島繁勝兵長も、武装解除を受けるまで、昼間は暗い壕内にこもり、夜になってようやく外へ出て行動できる昼夜逆転の生活を三カ月近く続けた。

壕の外が暗闇に包まれると、

「朝が来た、朝が来た」

陽気な性格の笹島兵長は、意気消沈する戦友たちを励ますために、わざとおどけてみせた。

しかし、空元気もそう長くは続かない。食料庫を米軍に焼き払われたので、最後は一日に十数粒の生米を口にするだけ。もう駄目かと、何度も覚悟を決めた。

そして、武装解除を知らされた朝。

「戦が終わった？　俺は生き残ったのか……」

安堵し、壕の外へ出て天を仰いだ途端、笹島兵長は意識を失う。七〇キログラムを超えていた体重は三〇キログラム台前半にまで痩せ衰え、骨と皮の状態になっていた。赤十字をつけた米軍のジープが駆けつけ、搬送される。

気が付いた時は、真っ白なシーツの上に寝かされ、青い目をした米兵たちが甲斐甲斐しく介護してくれた。ここで初めて女性の敵兵を見たという。笹島兵長は、その時、命があることに無上の喜びを感じたそうだ。

だが、夜になると、激しい恐怖と悔恨が襲ってきた。地獄のような戦場での出来事が、悪夢となって何度も再現されるのだ。そこで散っていった戦友たちが頻繁に夢の中へ出てくる。

「みんな死んだのに、俺だけが生き残ってしまった。吉岡、有元、太田よ。許してくれ……」

毎夜、こぼれ出る涙が枕を濡らし、無念の思いで死んでいった戦友たちに詫び続けたという。

笹島だけではない。私自身、武装解除を受けるにあたり、自らがどのような態度をとるべきか苦悩していた。

「遠からず俺も往く」

各地の戦いで部下が戦死するたび、心の奥底で叫び続けていた。

配属諸隊の部下を含めた約一〇〇〇名の尊い命は戻ってこない。であるのに、私は生き残ってしまったのだ。このまま帰還したら、多くの部下を亡くしたのに無責任だと言われよう。

また、死を選べば、今さらの無駄死にとも取られる。悩みに悩んだが、不遜ながら生きる道を選んだ。その選択が正しいか否かはこれから歩む人生次第だろう、と結論づけて――。

そして迎えた運命の八月二九日。通訳から通告があった。

「天皇陛下の命により米軍に降伏する、と正式に言ってもらいたい」

連隊長には、こう言ってもらうことにする。

「陛下の命により米軍の方へ行く」

部下の遺族へ宛てた手紙

負け惜しみだとわかっていた。しかし、本心では、「自分たちの大隊が完敗したわけではないので、陛下の命により武器を置いただけである」と自負している。自身や部下に、もう少し体力が残っていれば、小禄飛行場で最後の一戦を交える覚悟と気力もあったからだ。

米軍の態度いかんでは、いつでも交渉を打ち切って戦うつもりである。が、勝者の余裕か、彼らは紳士だった。敗者に対する思いやりと、日本の武士道を尊重してくれる気配りに納得させられる。結果的には屈辱の降伏となったが、我らの戦いは終わったのだ。

その後、いまだ前田高地付近の洞窟に立てこもっている第二大隊の志村大隊長と部下の将兵らに、武装解除に応ずるよう説得に出向く。ほぼ生きることに徹していた一〇〇名の将兵らが応じ、一緒に収容所へ向かう。

沖縄戦において我が大隊は、築城に始まり、小波津の緒戦から幾度の激戦を経て、国吉台地での最終の戦闘に到るまで、力の限りを尽くした。その間、ともに戦った配属の諸隊に感謝したい。

そして、築城、物資輸送に協力した防衛第五中隊と、炊事を担当し、国吉での持久戦で食料確保に尽力してくれた賄いの女性たちにも敬意を捧げる。なかでも、大隊と行動を共にして、戦陣に斃《たお》れた方々へは哀悼の念、切なるものがあり、軍人、民間人を問わず心から弔意を表す。

収容所での暮らしの中で、生き残って帰還する以上、祖国日本を立派に再興したい、との想いが募った。同時に、過酷な沖縄戦を戦い抜いた部下たちの働きを後世に残すことが、自らに課せられた重要な責務であると肝に銘じている。

親しくなった通訳の米兵に筆記具を手配してもらい、生き残った樫木副官らの協力も得ながら戦いの記録や記憶を書き留め始めた。ただ、多くの部下・戦友を失った心の重荷は生涯、背負い続けることになるだろう。その覚悟は、すでに決めている。

一九四六年になり、収容所での抑留生活を終え、内地への復員が決まった。那覇港へ向かう時、沿道の民家から老婦人と娘が転がるように飛び出てきて、懸命に手を振ってくれる。敗れたのを咎めもしない、その態度が心にしみた。

荒れ果てた那覇の港から、米船に乗せられて故郷へ向かう。

「甲板ゆ 見えつつ離れ行く 兵九万の屍 野晒しに残るこの島」

兵士以外にも、九万人以上の民間人が犠牲になっており、合わせると一八万人を超える戦死者が出た沖縄戦。彼らに報いることができず、無力だった自分があまりに悲しく、詫びようがない。亜熱帯の島々が見えなくなるまで、首を垂れ続けた。

懐かしき故郷で父母妹弟との再会を果たした後、すぐに部下の遺族へ手紙を出す仕事に取り掛かった。約三カ月かけて書き上げたおよそ六〇〇通の手紙に、沖縄から持ち帰った珊瑚の塊を砕いて砂状にしたものを同封し、書留で送る。

ただ、沖縄の遺族へは手紙を出せていない。連絡先が摑めなかったのと、戦後しばらく公職を追われていたことも関係した。しかも、上官や位が高い部下の遺族とやり取りする手紙は、

GHQにことごとく検閲されるのだ。
それは、再蜂起を恐れてのことと聞いた。こんな事情から、アメリカの統治下に置かれた沖縄へ、手紙を出しづらくなってしまった。送れば間違いなく、受取人に迷惑をかけたであろう。遺族にお詫びすることもできない。敗戦国のつらさが身に染みた、痛恨の極みである。

二〇一九年二月、糸満市照屋にある旧日本軍の陣地壕で一柱分の遺骨を発掘した。入り口付近に二メートル以上も堆積するゴミや土砂の下からである。大腿骨が折れていたり、骨盤などに金属片が刺さっていたりする状況などから、激しい戦闘で亡くなったと推測される。

遺骨の周辺からは、米軍の拳銃から発射された弾頭や日本製ビール瓶で手作りした火炎瓶などが一緒に出土。周辺に朽ちた空き缶が散らばっていたが、戦没者の身元の判明につながるような名前の書かれた遺留品は見あたらない。

この壕は、洞窟が縦横につながり、重要な出入り口には野戦陣地が設けられている。内部の坑道の行きつく先には銃眼が口を開け、まさに要塞のような形状だ。生き残りの兵士らの証言から、ここが伊東大隊の第三中隊、第一機関銃中隊、砲兵砲小隊が守備していた必殺陣地であることがわかった。

ゆえに、掘り出した遺骨は、これらの部隊に所属していた将兵らのものと推測される。警察への届け出など、しかるべき対処をした後、国へDNA鑑定を依頼。それと並行して、大隊長の記録や生き残りの兵士らの証言などに基づいて、遺族探しも開始する。

故郷・北海道の遺族のもとに帰還した金岩外吉さんの遺骨

まず、糸満市照屋で戦死した伊東大隊の十数人を抽出し、その遺族へ事情を説明して、DNA鑑定を呼び掛けた。これに北海道や秋田、長野などから、八人の戦没者の妹や息子、甥、姪らが応じてくれる。

その中に、一九四五年六月、必殺陣地の入り口付近で戦死したとされる阿子島基さんと金岩外吉さんの遺族からの申し出があった。そして、二年後の二〇二一年冬、外吉さんの妹から提供されたDNAと、歯が残る顎の骨から抽出できたDNAが一致し、遺骨は外吉さんと判明したのだ。

これは、沖縄で犠牲になった二十数万人の戦没者のなかで、DNAが合致して身元が判明した六例目にあたる。なかでも、身元を示す遺留品がない状態で初めて人物を特定できた例となり、将兵らが残した記録と、それをもとにした緻密な調査の大切さを裏付ける結果となった。

外吉さんは二一年四月、雪解けが進む北海道の金岩家の本宅へ還った。国から遺骨を引き継いだ道庁による伝達式では、戦没者の二人の甥が迎え入れてくれる。

「まだ信じられない思いだ。外吉の姉だった母も喜んでいるはず」

祭壇には、軍装の外吉さんの遺影が飾られていた。

ボランティアメンバーの後藤麻莉亜や高木乃梨子らも立ち会い、叔父の帰郷を喜ぶ遺族らにそっと寄り添う。遺骨の発掘から、遺族を探す活動を続けてきた二人は、こぼれる涙を拭いもしないで白木の箱に手を合わせる。

「やっと家族と一緒になれましたね、外吉さん……」

七十数年ぶりの奇跡の帰還だった。

伊東大隊長は、その前年、自宅でひっそりと逝去されていた（二〇二〇年二月、享年九九）、身内だけで密葬を済ませた、との連絡が奥さまからあった。部下の遺骨が今も沖縄の山野に残されていることに心を痛めていた大隊長に、この朗報を伝えることができなかったのが残念でならない。

「戦争は二度と起こしてはならない」

伊東大隊長は、亡くなる少し前まで、自衛官を相手に沖縄での経験や国を守る軍人としての心構えについて講義することが多く、訪ねてくる軍事の専門家も後を絶たなかったそうだ。

そうした訪問者を対象に、大隊長はアンケートをとっていた。

【設問内容――日本にとって、大東亜戦争とは?】
①やむにやまれぬものか
②愚かなものか

大隊長の陸軍士官学校時代の二〇名の同期は、両論に分かれ一〇：一〇。訪ねてきた少尉、中尉相当の自衛官五名は、二：三。そして、私たちが連れていった大学生一〇名は、六：四だった。学生の中には、大隊長が元軍人であるが故に、遠慮して「やむにやまれぬ」に投じた者がいたようだ。

この結果を受けた伊東大隊長。
「以上を観察するに、日本人はまだまだ反省が足りない。軍事をゲーム位に思っている。日露戦争の勝利に酔って、観念的に日本軍は強いと陸軍の上層部は思っていたようだ。その誤った判断の下に太平洋戦争へ突入した」

戦闘へ参加したことについてはずっと悔やんでいた。
「国家が戦争を始めたからには、我々、戦闘部隊は全力を挙げて戦うしかなかった。それがたとえ愚かな戦争であっても……」

同時に、こう断言している。
「当時の世相や若さゆえに、それを止めることができなかった。だからこそ、文民による統制が大切で、戦争は二度と起こしてはならないことだ」

上空から見下ろした沖縄本島中部。彼方には米軍の普天間飛行場が見える

ただ、今でも自衛のための戦いは必要であると言う。

以下の言葉は、かつて大隊長が講義した、自衛隊の幹部候補生らへの提言を書き残したものだ。

「知勇を以て専守に徹す」

世界の軍備を兵器進歩の側面から見ると、原爆を撃ち合える時代となった。だが、その結果を思うと慄然となる。もはや大戦などできない。大戦には勝者も敗者もない。戦を始めた者は人類の敵だ。従って専守に徹し自ら戦を仕掛けてはならない。

攻撃は最大の防御とも言われている。であるのに、敢えて先制攻撃を封じるのが専守である。それゆえ、専守は生半可な気持ちでは成り立ち難い。英知と大勇を以て、多くの困難を克服して、堅固不抜の専守防衛の平和な国を目指そう。

訪ねてくる自衛官を見るたびに、部下や戦友たちのことが脳裏に浮かぶ。勝てるはずのない愚かな戦争だったにもかかわらず、その役割を果たそうと命を賭し、沖縄の山野に散っていった将兵たちの姿だ。だからこそ、その働きを正しく後世に伝え、平和な祖国を再建するために尽くしてきた、という。

私たちは手紙の返還が実現するたびに、その遺族が戦後どんな暮らしをしてきたのか、戦没者に対してどんな想いを抱いてきたのかなど、見聞きしたことをつぶさに伊東大隊長へ報告していた。今村信春さんや倉田紀さん、松倉紀昭さんのように、戦争遺児が苦労を強いられた体験を伝えると、申し訳なさと悔しさが入り交じった表情でいつも涙ぐまれていた。

出会った当初はにこりともせず、どこか張り詰めた雰囲気を漂わせていた伊東大隊長。面会を重ねるうちに心を開いてくれたのか、次第に柔らかい笑顔で迎えてくださるようになった。

学生たちとご自宅を訪ねるたびに、何度も人数を確認される。のちに奥さまが、「駅前の菓子店で美味しいと評判のシュークリームを、お茶うけに用意するためなのよ」と耳打ちしてくれた。当日の朝、わざわざバスに乗って買いにいってくれていたという。学生メンバーに女子が多かったゆえの気配りだったのだろう。

晩年は、奥さまと二人で暮らしていた大隊長。嗜んでいた短歌の題材は、戦争や世相だけでなく、妻への想いを季節の移ろいに合わせて詠む歌も多かった。

しかしながら、奥さまからの夫に対する査定は、一〇〇点満点中二〇点だという。「生まれ変わっても一緒になりたいとは思わないわ。私は、あなたの副官にはとてもなれませんからね」と、いたずらっぽく笑う。九〇歳を超えても、仲睦まじく暮らすお二人の姿がうらやましくなる。

大隊長が逝去される少し前に面会した折、奥さまがポツリとつぶやいた。

「この人の人生は、戦がすべてだったのよ」

預かった三五六通の手紙は、二〇二四年二月の時点で、ほぼ四分の一を遺族へ返還することができている。が、残りは行方を追跡しきれなかったり、受け取りを断られたりしたままだ。

伊東大隊長は遺族へ宛てた手紙のなかで、戦死した部下の写真を所望している。彼らの写真を持ち続けることで「あの戦い」をともにした戦友たちとずっと一緒に居続けたい、との想いからだった。

「遅れることになるが、必ず諸君のもとへ駆けつけるから。それまで生き恥を晒し続ける自分を見守ってくれ」

終戦から七〇年以上、亡くした部下と遺族への想いを胸に、そう念じ続けていた。今ごろ、かつての部下たちと心ゆくまで語らっているだろうか。

亡くなる一〇年以上前には、こんな遺言をしたためている。

「死後、この手紙を棺に入れて、自分の亡骸と一緒に燃やしてほしい。葬儀はいらない。生死を共にした部下は未だ沖縄に散らばっているからだ。死者は生者を煩わすことなかれ」

手紙の返還を始めてからは、「ひとりでも多くのご遺族へ届けてほしい」と最期の時を迎えるまで願われていた。

私たち筆者夫婦は、次世代を担うボランティアの若者たちと手を携えて今後も遺族を探し続け、残りの手紙を届けるつもりだ。同時に、ジャーナリストとしても沖縄戦の記憶と記録を後世へ伝えていきたい。

だが、どうしても返還できない手紙も出てくるだろう。その時には、大隊長が最後まで戦った沖縄本島南部で、遺体と同じく、荼毘《だび》に付したいと考えている。生き残った部下や遺族らと建立した歩兵第三二連隊の慰霊碑の前か、あるいは伊東大隊が最後まで大激戦を繰り広げた国吉の丘で——。

二〇二四年二月　伊東大隊長の命日を前に記す

主要参考文献　※順不同

伊東孝一『沖縄陸戦の命運』非売品（２００１年）
戦記出版会編纂『沖縄戦記　われらどさんこ兵士　かく闘えり』非売品（１９９４年）
国島正幸『風霜千里』非売品（１９９３年）
鈴木和夫編『ふるさとの妻や子へ』非売品（１９９９年）
防衛庁防衛研修所戦史室『戦史叢書11　沖縄方面陸軍作戦』朝雲新聞社（１９６８年）
糸満市史編集委員会編『糸満市史　資料編7　戦時資料　上巻・下巻』糸満市役所（１９９８年）
沖縄県教育委員会編『沖縄県史　第10巻　各論編9　沖縄戦記録2』（１９７４年）
土井全二郎『軍馬の戦争　戦場を駆けた日本軍馬と兵士の物語』潮書房光人新社（２０１８年）
米国陸軍省編、外間正四郎訳『日米最後の戦闘　沖縄戦死闘の90日』サイマル出版会（１９６８年）
アメリカ陸軍省戦史局編、喜納健勇訳『沖縄戦　第二次世界大戦最後の戦い』出版舎Mugen（２０１１年）
Astor, Gerald, 1996, *Operation Iceberg : The Invasion and Conquest of Okinawa in World War II*. New York, Dell
『北海タイムス』「あゝ沖縄」※１９６４年4月～12月まで、全２６７回の連載記事（清水幸一取材・執筆）
水ノ江拓治「沖縄戦史」※ＨＰ（最終閲覧日：２０２４年1月15日）

日本政府は、先の大戦によって、海外や沖縄、硫黄島などで戦没した方の遺骨の身元を特定し、遺族のもとへ返還するためにＤＮＡ鑑定を実施しています。戦没者の配偶者、子、孫、兄弟姉妹、甥、姪などの方が申請可能です。鑑定の費用は国が全額負担します。

問い合わせ先：厚生労働省
社会・援護局　事業課　戦没者遺骨鑑定推進室
電話番号：０３－３５９５－２２１９
(受付時間は午前９時半から午後６時まで、平日のみ)

ＤＮＡ鑑定対象地域拡大のお知らせ用リーフレット（厚生労働省）
https://www.mhlw.go.jp/content/001129263.pdf

浜田哲二　Tetsuji Hamada

1962年、高知県出身。元朝日新聞社カメラマン。2010年に会社を早期退職後、青森県の世界自然遺産・白神山地の麓にある深浦町へ移住し、フリーランスで活動中。沖縄県で20年以上、戦没者の遺骨収集と遺留品や遺族の手紙返還を続けている。公益社団法人日本写真家協会（JPS）会員。

浜田律子　Ritsuko Hamada

1964年、岡山県出身。元読売新聞大阪本社記者。93年、結婚を機に退職後、主婦業と並行してフリーランスで環境雑誌などに原稿を執筆。夫・哲二と共に沖縄県で遺骨収集と遺留品や遺族の手紙返還を続けている。

写真／浜田哲二
図版制作／ユニオンワークス

ずっと、ずっと帰《かえ》りを待《ま》っていました
「沖縄戦《おきなわせん》」指揮官《しきかん》と遺族《いぞく》の往復書簡《おうふくしょかん》

著　者　浜田哲二《はまだてつじ》　浜田律子《はまだりつこ》

発　行　2024年2月15日
2　刷　2024年8月25日

発行者　佐藤隆信
発行所　株式会社新潮社
〒162-8711　東京都新宿区矢来町71
電話　編集部　03-3266-5611
読者係　03-3266-5111
https://www.shinchosha.co.jp

装　幀　新潮社装幀室
組　版　新潮社デジタル編集支援室
印刷所　錦明印刷株式会社
製本所　大口製本印刷株式会社

©Tetsuji Hamada, Ritsuko Hamada 2024, Printed in Japan
乱丁・落丁本は、ご面倒ですが小社読者係宛お送り下さい。
送料小社負担にてお取替えいたします。
価格はカバーに表示してあります。

ISBN978-4-10-355551-3 C0036